洪培生　摄

章太炎讲述系列

章太炎口义

虞云国———编

上海人民出版社

目 录

导　读

　　口义，原为唐代明经考试的一种方式，即口头答述经义。进入宋代以后，"口义"转变为一种著述体裁，即学生对先生的谈话式讲课的笔录疏记。例如，教育家胡瑗的《周易口义》即弟子倪天隐笔述师说；胡瑗还有《洪范口义》，也是由门人编录的；林希逸分别著有《庄子口义》与《列子口义》。及至南宋，以口义命名的著作更多，戴溪有《曲礼口义》与《学记口义》，史浩与陈耆卿各著《论语口义》。南宋高宗时曾"令讲读官供进口义"，要求经筵官将讲课内容编成口义进呈君主阅读；宋光宗温习经筵官所讲之书，也曾"自为口义"。朱熹任经筵官时问宋宁宗："臣所进讲《大学口义》，不审曾经圣览否？"可见他将《大学》的讲课内容编为口义进上，这时的口义已成为讲课者自为记述的著作体式。大体说来，宋代的口义类著述，比起高头讲章来，在形式上自由活泼，在内容上不拘一格；还可以就某一问题生发议论，例如南宋吴昌裔曾著《乡约口义》，显然只是解说乡约的。总之，口义这种著述形式自宋以降传承有绪，对后学者获知津梁、窥测堂奥助益匪浅。迨及近代，在国学大师章太炎的讲学活动中，口义类著述仍具有鲜活的生命力。

　　章太炎（1869—1936），名炳麟，字枚叔，是中国近代史上的著名人物。太炎是其号，他还别号"菿汉阁主"，弟子们也尊称他为菿汉大师。在章太炎繁富的论著中，也有数种口义类著述。1914年，其弟子吴承仕记录章太炎为其讲学的内容为《菿汉微言》，即称之为"余杭章先生口义"，可谓循名责实而深中肯綮的。有鉴于此，将章太炎为弟子讲学的口义类著述辑为专书，作为读书界了解章太炎学术与思想的入门读物，不失为便捷有效的途径。

在辑集之前首先交代入选的标准，即章太炎为弟子口头讲学而由弟子记录的学术入门性著述。准此而论，首先，《说文解字授课笔记》这样的著述虽是他为弟子口头讲学而由弟子记录成书的，但因非学术入门性著述，自然不宜入选；其次，《国学讲演录》这样的著述诚然是口头讲学，且为学术入门性著述，但听众不限于弟子，同样应该割爱；再次，《太炎文录补编》辑自《忘山庐日记》的章太炎与孙宝瑄谈古代授田法，谈中国古代科技，谈灵魂之有无，谈哀乐及知致，谈杨朱、墨子及孟子，谈中国古代议院之法等诸篇，虽是口头论学，但孙宝瑄并非及门弟子，显然也应在汰除之列。职此之故，这册《章太炎口义》仅收入《菿汉微言》《菿汉昌言》《菿汉雅言札记》《菿汉闲话》与《语录》，兹略作评述如下。

其一为《菿汉微言》。据《太炎先生自定年谱》，章太炎因声讨袁世凯，自1914年起被袁氏禁锢于北京钱粮胡同达两年之久。在此期间，任司法部佥事的弟子吴承仕常往探视问学，他正"好说内典"，而章太炎也"不能无感愤，赖以禅观制止"，于是便以佛教唯识论为主体，将其与中国的老庄、孔孟等儒、道、易、玄、理学等贯通比较，"每发一义"，吴承仕便疏记笔录。后来（大体是第112则以下），师弟讲论的范围扩大到先秦以来的典籍、医学、历算、数学、音乐、文学、音韵、史事等。1916年仲春，论学告一段落，吴承仕记述章太炎议论共167则，汇为《菿汉微言》，以为卓见胜义，"古近稀有"，建议"布之世间"。次年，章氏写了一段跋语，称"是册作于忧愤之中"，"虽多玄理，亦有讽时之言"，先在北京出了铅印本；1919年又将此书收入浙江图书馆的《章氏丛书》再版本，本书即据此本。

《菿汉微言》是章太炎代表性的学术著述之一。最后一则自述学术思想变化之迹，作为章太炎的自我定论，更受人重视，梁启超认为"殆非溢美"，并说"其《菿汉微言》，深造语极多"（见《清代学术概论》廿八）。钱穆也以为：《菿汉微言》"以唯识学《易》、《论语》、《孟》、《庄》，亦多深思"（见《国学概论》第十章《最近期之学术思想》）。

其二为《菿汉昌言》。据高景成《章太炎年谱》引《民国名人图鉴》：1925年，章太炎杜门却客。有与论者，则怃然曰："论学不在多言，要于为人。昔吾好为《菿汉微言》，阐于微而未显诸用，核于学而未敦乎仁。博溺心，文灭质，虽多，亦奚以为？欲著《菿汉昌言》以竟吾指也。"则此书成于是年以后，1933年收入北平刊本《章氏丛书续编》，另有1935年章氏国学会单行本，本书即据《章氏丛书续编》本。此书共六卷：《经言》三卷，评骘老庄道家、孔孟儒学、宋明理学，仍参以佛学，与《菿汉微言》的重要区别是儒、道之学成为评论的主体；《连语》一卷，则是对先秦以来学术文化的札记，既关考订，更涉义理；《区言》二卷，是对历代史事、人物的月旦考评。如果章太炎所言不虚，《菿汉昌言》继《菿汉微言》而作，旨在"为人"，以期"显诸用"而"敦于仁"，作者对其是相当重视的，因为寄托了他晚年的学术思想。对此，后来的研究者似乎有所忽略。

其三为《菿汉雅言札记》。该书最早分别刊于《制言》第25、43、44期，由章氏弟子但焘记述，但不分门类；后又分两次刊在

章太炎手书 "菿汉"

1948年11月与次年1月出版的《国史馆馆刊》1卷4期和2卷1期上，仍署但焘记述，但已作学科分类。据但焘自称："先生既没，（汪）旭初过余，见余述先生《雅言》，告余记之。"则但焘不仅根据自己的札记，还向章门弟子征集了章太炎的论学之语。《章太炎口义》即采用《国史馆馆刊》本，而将《制言》别出的十三条分别插入《国史馆馆刊》本相关类别的条目下，而出以校记。

　　该书分经学、史学、哲学、文学四门，从其将纵横家、杂家、小说家、艺术、方伎列入哲学，可知他实际上是将原来四部分类的经、史、子、集分别代以经学、史学、哲学、文学而已。而史学门下典志类所列各条札记，实是章太炎对古今社会政制的见解。与《菿汉微言》、《菿汉昌言》相比，《菿汉雅言札记》虽未经太炎生前审定，准确性稍逊，但还是能够反映章太炎后期学术思想的，可视为章氏论学外篇；而其表述要言不烦，涵盖疏而不漏，可作为一部章著《中国文化史要论》来读，对一般读者是十分相宜的入门书。

　　其四为《菿汉闲话》。原刊1936年3月16日出版的《制言》第13期与4月1日出版的《制言》第14期，共27则，后收入1938年汉口刊本《太炎文录续编》卷一，本书即据以收入。《菿汉闲话》是

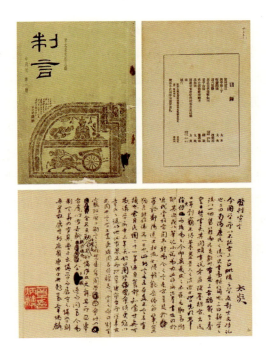

章太炎《制言》发刊宣言手稿

弟子记录其师泛论中国文化的口义，与以"菿汉"命名的其他三种口义相比较，并无明确的系统与中心，内容泛及学术、思想、佛学、教育、著述、文章、音韵、天文、医学等领域。

其五为《语录》两种。一为章氏弟子徐澄记录的《余杭先生语录》，共90则，先后论及诸子、经学、史学、金石、文学、音韵等内容；一为章氏弟子孙世扬记录，先后刊于《制言》第22、24、26、27、39、44期，共17则，涉及典籍、医学、佛学、文章学等。这两种《语录》后皆编入上海人民出版社2017年出版的《太炎文录补编》，本书即据以迻录。

检《太炎文录补编》，还收有章太炎 1914 年 6 月《语朱希祖》云："经史小学，传者有人，光昌之期，庶几可待。文章各有造诣，无待传薪，惟示之格律，免入歧途可矣。惟诸子、哲理，恐将成《广陵散》耳。"另据《制言》第 48 期收入 1933 年《论以后国学进步》云："一、经学以明条例求进步。二、史学以知比类求进步。三、哲学以直观自得求进步。四、文学以发情止义求进步。"这两段论学之语均是太炎对弟子口述，也属于口义性质，录此以备参考。

章太炎学问渊博，在近代学术史上也许无出其右者；而作为古文学家的章太炎，好用生僻字、通假字和异体字。即如本书所收以"菿汉"命名的诸种口义，"菿"有大、明二义，读法有 dǎo、zhuō 二音，而一般辞书，包括《中国大百科全书·哲学》的"《菿汉微言》"条，都注作 dǎo。蒙复旦大学朱维铮教授生前转告，太炎门人与家人皆读其为 zhuō，始使未能亲炙太炎的后代学人确知其读音。这次整理一般仅将繁体字改为简体字，而据底本适当保留了原来的生僻字、通假字和异体字。对书中引文，整理者多查核了原籍；但章太炎的引文往往根据讲学需要节引或撮述，整理者便仅标引号，一仍其旧；只有在引文明显背离原义、易致误解的情况下，整理者才依照原文，酌情校改。《菿汉微言》原不分卷立目，全书篇幅过大，遂在每则之末编以序号，以便检索。整理者学识浅陋，错讹必然难免，尚祈识者不吝指正。

这几种口义几乎涵盖传统文化的所有领域，要在这里对这些口义作出全面的评价，是困难的，但这些著述无疑可以成为了解章太炎学术思想的键钥，也是借助章太炎这位国学大师去进一步了解中国学术文化的津梁。不论是对章太炎思想，还是对中国近代思想文化，抑或对中国传统学术文化，甚至仅仅对佛学，抱有不同兴趣的读者，都能从中各取所需，所谓"饮河之鼠，各充其量"，这就是国学大师这部口义集所具有的多方面价值。

　　章太炎作为近代史上著名人物，鲁迅认为，他的业绩，"留在革命史上的，实在比在学术史上还要大"。60余年前，鲁迅希望作为革命家的章太炎，"活在战斗者的心中"，发那样的议论，是可以理解的。然而，随着时代的推移，章太炎留在学术史上的业绩，光彩不减，或者比在革命史上的还要耀眼。正确评价和认识这份业绩，是中国学术文化继往开来的需要。而这几部口义，在某种程度上可以看成是章太炎对自己建构的学术思想体系、对博大精深的中国传统文化的一种导读。大师的这种导读，其准确度和权威性显然是其他导读所不能取代的。

虞云国

菿汉微言

此中所述余杭章先生口义百六十七首，起自乙卯，讫于丙辰之初。就所臆持，次弟疋记。凡诸眇义，古近希有，不自私利，布之世间，亦檀度之行也。丙辰仲春，弟子歙县吴承仕记。

昔居东时，有人问言："心本真如性，何缘突起无明?"桂伯华举《起信论》风水之喻答之。然水因风而有波，水是真如性，波是生灭心，风乃外来，本非水有，而无明、真如是一心法则。斯喻原非极成，有执是难，桂无以解。余谓马鸣之言容亦有漏。解斯难者，应举例云：如小儿蒙昧，不解文义，渐次修习，一旦解寤。当其既通，与昔未通之心，非是二物。然未通之时，通性自在，喻如真如；当其未通，喻如无明；由塞而通，喻如始觉。同本苟无通性，则终不可通；若无不通之性，何必待学习方知文义邪? 虽然，斯例则通达矣，而终不解无明突起之由。余以所谓"常乐我净"者，"我"即指真如心。而此真如心，本唯绝对；既无对待，故不觉有我；即此不觉，谓之无明。证觉以后，亦归绝对，而不至再迷者，以曾经始觉故。复有问言："何时而有无明?"此难较不易释，佛书多言无明无本际，盖为此也。然深思之，故亦有说。时分之成，起于心之生灭，生灭心未起，则时分之相无自建立。因无明而心生灭，因生灭相续而有时分之相，故谓之无始无明。苟谛察之，斯难又无自发矣。盖真如门"言语道断心行处灭"，一落名言计度，即生灭门摄。故风水微尘瓦器金庄严具等以喻，合法皆不谛当者，以非一切世间有为法所得比拟故也。

弟七识"恒审思量，唯是执我"，此最易验。然常人以为"不遇我对，则我执不见"。不知念念不已，即似无念；念念执我，即似无我。必有非我之色，忽然见前，乃觉有我。实则念念相续，俱是我执，即如出话撰文，贯串成体，足以自达，亦由我执相续，乃至行住坐卧，未尝起想念我，而终不疑是谁行谁住谁坐谁卧，此即末那之用也。

破我执易，破法执难。如时间有无始终，空间有无方所，皆法执所见。此土陆子静辈思之，终不了然，实未达唯识之旨。时间者，起于心法，生灭相续无已。心不生灭，则时间无自建立矣。空间者，起于我慢，例如同时同地不能并容二物。何以不容？则因我慢而有界阁，因界阁而有方所。涤除我慢，则空间亦无自建立矣。

昔人言性者，皆非探本之谈。不知世所谓善恶，俱由于末那识之四种烦恼。仁为恻隐我爱所推，义为羞恶我慢所变，及夫我见我痴迷，则不可以善恶言矣。广说亦得言有善恶相应，然以仁义礼智四名并举，即非。实说仁义，自是相称。智为是非之心，即属我见。礼者随顺世俗，加行有为之事，其业用与法律同科，与三德不相类也。若言辞让之心，此即慢心负数，而亦摄在羞恶心中，不得并列为四。应言固必之心，诚之端也，属我痴摄，与爱、慢、见列为四相。而是四相，堪为善业，亦非不可为恶业，爱为淫逸，慢为悖悍，见为邪慧，痴为顽嚣。故应说言无记，说言无善无不善，说言决之东方则东流，决之西方则西流。

东土比丘无有戒律，而解经过于中夏，然诸缁素博士不能真解无我。有一博士说言："释迦既言无我，惧人放弃责任，乃以轮回酬业之说自救。此二说者要为矛盾，诚令无我，轮回者谁邪？"余闻之，笑曰：正因无我，故得轮回，若常乐我净者，轮回何自起邪？义本一贯，而彼以为强施补苴，实不解无我义耳。佛说无我，本与数论、胜论对辩，非与通俗对辩也。彼所谓我，是实是遍是常；而阿赖邪识所变我相，五蕴所集我相，非实非遍非常。故说无我，若如通俗所言，唯于是时是处见起主宰，而不定谓是实是遍是常。佛亦自称曰：我岂与通俗起争邪？

胜论书有《十句义》，列在释藏，近世鲜传其学。数论则有《金七十论》，其说为详。余又从印度学者得彼偈颂，亦《金七十论》之流，因与对译，其文如下：

> 我以何故生？我在何处生？命以何故住？命在何处寄？由何住乐境？我论何所依？

> 时自性决定，乃觉来四转，以此为本因，思或是丈夫。聚合者非因，除人独存在，有此阿德摩，苦乐之本根。彼随顺寂定，内视之所见，神我之功德，于内被包裹。此则为起因，宇宙一切时，阿德摩乘载，即此为住处。

观此所说，时自性决定，觉来四转，皆非我因，而我自在。故我是实，宇宙为我所乘载，时亦我所乘载，即为住处，实无所住，故我是遍是常。通俗言我，宁有斯义？佛遮实常遍我，而不遮通俗所说之我，宁有惧人放弃责任之事？梵语常言称我者七格三数，凡二十一语，而阿德摩不在焉。其主格单数则为阿訇，业格单数则为帆摩，具格单数则为摩邪。佛所遮我，遮阿德摩，非遮阿訇等也。此土说我，我本俄字，义为顷顿，展转引申，

《菿汉微言》书影

乃为施身。自谓以俄顷之义为我，所谓刹那生灭，如燄如流，是亦不
执我为实遍常也。通俗之义，大率相类，唯言己者，古音义与久相
近，容是常我耳。

佛法虽称无我，只就藏识生灭说耳。其如来藏自性不变即是佛
性，即是真我，是实是遍是常。而众人未能自证，徒以生灭者为我，
我岂可得邪？及得佛果，佛性显见，即为常乐我？此则《涅槃经》中
所说第一义谛。要知无我，真我乃见，然则是两说者亦撄而后成者
也。今应说言依真我，如来藏是实遍常。起幻我；阿赖邪非实遍常。依幻我
说无我，依无我见真我。

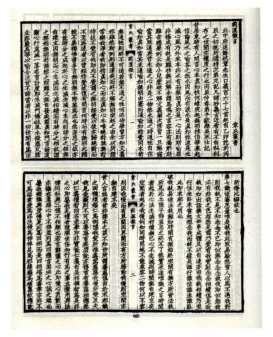

《莿汉微言》书影

《涅槃》既说佛性为真我，而《大乘入楞伽经》又说如来藏无我，此之参商，若为和会？案《楞伽》云："大慧白佛言：《修多罗》中说如来藏本性清净，常恒不断，无有变易，在于一切众生身中，为蕴界处垢衣所缠，贪恚痴等妄分别，垢之所污染。外道说我是常作者，离于求那，自在无灭，世尊所说如来藏义，岂不同于外道我邪？佛言：我说如来藏不同外道所说之我，若欲离于外道见者，应知无我如来藏义。尔时世尊即说颂言：士夫相续蕴，众缘及微尘，胜自在作者，此但心分别。"详此文义，外道所说我，体不离五蕴，五蕴是生灭法，不与如来藏相契。是故佛说如来藏，不同外道所说之我。无我如来藏者，即谓如来藏中无有如彼外道所执我相，斯乃正与《涅槃》相成，曷尝自为参商邪？又诸言我外道，通俗种种不同。通俗言我，对彼而说；而此如来藏者，法性一如无有，对待亦且不同。通俗所说之我，若谛言之，有我无我皆不可说。何以故？本有自体，故非无我，非生灭识，非蕴界处，无有对待，故非有我。亦如法身，非有形骸肌肉毛发，岂得说之为身邪？然则弟一义谛，一切言说，皆不相应，惟是随顺假名，示以标的，以诸名字皆依世俗造作，非依真谛造作故。

或疑果有轮转，情命要当有数，今则孳乳繁衍，知不尔也。应答彼言，佗方来生，且不置论，局论此土。上古草昧，傍生多则人少矣；今世开拓，人多则傍生少矣。互为正负，亦岂见其逾溢也？但人趣孳衍，则生存竞争转烈，此作《易》者所以忧患。

未证无我者，依比量可得证成无我，依见量不能证成无我。此所谓见量，据因明所说，见见别转不带名种者，非唯识性真见量也。然旧或说为非量者，乃以意识分别妄见，归咎意根耳。康德言我之有无不可知，斯其慎也。若上帝者，惟是非量，亦言上帝有无不可知。何哉？生长彼土，不得不维持彼土世法尔。

一切有情，悉有我爱，我不可见，惟依劳力以见诸爱。我所有法者，情之厚薄，不在彼境亲疏、缓急、美恶、胜劣之差，而在劳力剧易之差。文人之矜惜笔箸，大农之固护金钱，比于五欲，增上数倍。而勤苦聚财者，爱及粪坏；世承家业者，尘土千金，即其验也。以我为劳力所依，故不舍劳力者，舍其所依亦难。中土衣食之资，皆以营作得之；印度则以任运得之，劳力既殊，故惜生舍生之念亦异。佛法既入，知求解脱者众矣，而专趣大乘，不趣小乘者，岂非不欲速证涅槃故邪？佛初出世成就，印度无学、声闻甚众，而听信大乘者希。比及象法，菩萨转多，信仰大乘之风亦盛，则以世务渐繁，治生稍剧故也。外及远西，人贵自立，其承祖父遗产者，又视中土为寡，而出世之念几绝矣。然人生苦痛甚多，劳力一端，亦不障道。

《观所缘缘论》云："外境虽无，而有内色，似外境见，许眼等识带彼相起，及从彼生，具二义故。"又说："极微是缘，然非所缘；和集相是所缘，然非是缘。互阙一支，皆不成立。"其论至明了矣。设有难言："既许内色，似外境见，内色惟是自心相分，何故同时同处不能普见内色，而以远近去来成此隐显差别？"论者必言："臧识虽具一切相分，而为末那所执，局在形内，是故不能普见。"应复难言："若境界在外者，汝义可成。既说内色，内色则是臧识所具，臧识虽被末那束于形内，而此内色岂复在外？唐申此救，岂能解惑？"论者必言："眼识生时，藉空明缘，以内色无空明缘，是故不能内见。"应复难言："空明缘者，亦是自心相分，无有外境，既具在心，何因阙缘而不能见？又眼识生，非一切时藉空明缘，如睡梦位所见景像从眼识生，而彼岂有空明外缘？是故此救亦不成就。"论者必言："臧识普见，即同无见，是故自心不能了别。"应复难言："普见则同无见，我亦许立，然彼触受所得，既非外境，还即自心内色一分，同在普见之中，何因独能偏见？"论者又言："自心相分是种非果，果则能见，种子非见，是故无普见事。"应复难言："既无外境，有何所以而成？此果应一切时，惟是种子，终不见果，而今有果能见，此救不成。"为说至此，唯识诸师皆穷。是故，我今救言："一切矿物皆有臧识，随其大小，以为身体，识与识者，体相名数等无差别。由彼臧识与己臧识对构，方能映发，识识相遇，如无线电对至即通，不烦传送。如是己识，方起自心相分变见，似彼境界为所缘缘。彼识不与己识对者，除睡梦位乱意识外，则自相分不能变起，由是远近去来能成隐显差别，无同时同处普见之过。"彼若诘言："矿物可许有识，而彼真空决定无识，不能对至，何因自心相分变见真空可触可见。真空既非含识而可触见，即知矿物亦尔。汝义不成。"应答彼言："谁说真空是可触相，直无触耳。又此真空亦非可见，琉璃瓶中排气令尽，自外望见，曾非真空，惟是空一显色。而彼显色是白日光，或爝火光，日火有识，与己识对，是故相分变见日火光象，非见真空。汝难不成。"彼复难言："既执矿物有识，所见则成外境，何得说言自心相分？"应答彼言："外境是无佗心，实有唯识云者，许各各物皆唯是识，非许唯有自心一识。说有佗心，岂成违碍？又今所见，且非佗心，但由佗心对至自心，即有相分变见，无所难过。佗心亦能自见相分，而此所见，唯是自心相分，非是佗心相分。所以者何？无有少法，能取少法故。如无线电甲乙两端，虽相波动，乙端之动，非甲端动故。"上来且依众生明了识，说为唯识师解围。若定果色，虽无佗心对至，亦见色相，此由专注一境所成。其与梦境治乱虽殊，还成一类。若诸大觉，己心佗心等无有异，所起海印三昧，亦能普见，以无所见，故无不见。然非众明了意识所证，故不具说。若就真谛，普见别见同是虚妄；以相分，即是心上障碍；若离业识，即无见相故。

康德以来治玄学者，以忍识论为最要；非此所得，率尔立一世界缘起，是为独断。而此忍识根本所在，即非康德所能分辨。由彼知有相见二分，不晓自证分、证自证分。故次有洛耆围氏驳之曰："欲忍识此忍识者，还不得不用忍识，是则陷于循环论证。"余以洛耆围氏但晓前二，不晓后二，亦与康德同过。大抵此曹所谓忍识，即是见

康德像

分，而信解此忍识者，乃自证分。不晓此异，遂谓"忍识此忍识者，还待忍识"。且自证分之与见分，其为忍识虽同，分位即异。今有婴儿堕地，未能自言，而质定此为人类者，谁邪？则其母与乳医也。母与乳医非非人类，以人类质定人类，何故不曰陷于循环论证？由此三者人类则同，分位有异，是故不陷循环论证。彼见分者，喻如婴儿；自证分者，如母、乳医。若知此义，异论可了。洛耆围氏坐不知此，欲于忍识界外，不由阶缘建立一世界观，斯乃独断之甚。前世希腊史多迦派玄学有知此者，其说曰："观念真妄，以何质定？答曰：合于对境事物，是则为真。然其合于对境事物与否，以何方便而能自知？观念真者，当其起时，必有别一观念伴侣而起，为直接之证明，是故观念真妄不待外物证明。"详此所称对境，即是相分；所称观念，即是见分；所称别一观念伴侣而起为直接之证明者，即自证分；即此直接证明之果，即是证自证分。其说优于康德、洛耆围等远矣。然此所论犹未穷了，以成就俗谛者，依分别智忍识；成就真谛者，依无分别智忍识故。

《世说》：僧意问王苟子："圣人有情否？"王曰："无。"重问曰："圣人如柱邪？"王曰："如筹算。虽无情，运之者有情。"僧意云："谁运圣人邪？"苟子不得答而去。此由未契心、佛、众生三无差别，故不能答耳。应答彼言：众生缘力，是运之者。圣人有依佗心，无自依心故。然以此说诸佛则可，十地以下固未可尔。仲尼哭恸、梦想，非众生缘力运之也。何平叔以为圣人无喜怒哀乐，此即郭象所宗，而此土至圣实未诣此。王辅嗣曰："圣人茂于人者神明，同于人者五情。神明茂，故能体冲和以通无；五情同，故不能无哀乐以物。然则圣人之情，应物而无累于物者也。"此则菩萨断所知障，留烦恼障，辅嗣已识其端矣。

杨仁山云："今欧州人服食起居，较之吾辈，良好安适殆将十倍。必其前生信佛，持名精勤远过吾辈，故受兹多祜。"此说鄙陋甚矣！果欧州人前生皆佛子，何以一堕欧土，均信天乘邪？大抵人天下乘，亦多白业毛道，凡夫非有善行，酬果殊胜，固无足怪。至于佛法，乃是涅槃之因，岂专富贵尊荣之因邪？仁山又云："宋儒谤佛，死后必堕那落迦。"宋儒之见，谓其执箸有边，不窥真谛则然矣。且印度小乘诸师，未尝不谤大乘，岂一切堕那落迦乎？聪慧之士，怀疑固多，其于佛说，一生不能遽信，此恐不止宋儒也。

天之苍然，非有主宰，而自古言命者，若谓发号谆谆矣。独有荀卿深达理要，《正名篇》云"节遇谓之命"，此义应思。依此国土，见此根身，乃至穷通寿夭之类，此皆所谓遇也。荀子必言节遇者，何哉？节本作卩，命本为令，令者集卩，其义即谓合符因果，酬业历然不爽，比于合符，故谓之卩。卩无鉏铻，自然泯合，非有帝天为行诏令；亦非若范缜所言"落花随风，或堕茵蓐，或堕藩溷"者矣。然人心违顺，本无恒剂，其有乍发决心，能为祸福者，非必因于宿业，而受之者，诚为遇也。卩遇并言，其义始了。

今世言佛法者，多言命本素定，非人力所能为。宿命应富，蓝缕者未尝有为，千金可自然致也。宿命横死，虽多方趣避，怨家必自然就之也。斯言甚谬。凡事成就，非一正因为之，必赖助缘方得成果。命为正因，若无智力为其助缘，果不成就。宁见终身甘寝，不起床坐，钱币自就其前者！夫怨亲构会，虽由夙业，假令素怀憎怨者，一朝发出世心，其尚有报复事邪？故谓专由智力者非，谓不由智力亦非，谓本无宿定者非，谓纯由宿定者亦非。

数论建立神我，胜论建立微尘实性，未尝崇拜天神，愿生上界也，而列在天乘者，以其志大材剧，所引之果，只生天趣耳。亦称邪定聚者，方针偏指，差以毫厘，即谓之邪。非若自在梵天诸教，胡越背驰也。转胜论则入小乘矣，转数论则入大乘矣。

老子以道德高于仁义，仲尼亦云："志于道，据于德，依于仁。"何平叔说："道不可体，故志之而已。德有成形，故可据。仁者，功施于人，故可倚之，是道德果在仁义上矣。"仁义唯有施、戒、忍、进四度，而定智皆劣，通在人乘；道德则六度晐之，惟菩萨乘，是故

《大乘起信论》书影

其言有别。仲尼言仁复有兼晐万善者，此则菩萨行中，一波罗密具一切波罗密，其别言者，但据本行耳。以是为说，通别无碍。

吾辈说佛学，与沙门异撰：入道阶位，非亲自证得者，不说；神变之事，非今日可目验者，不说；圆通之谈，随事皆可附会者，不说。今世竞重科学，言必征实，徒陈侈大，未足厌望。是故被机起信，莫如大乘《起信》《楞伽》《深密》及相宗诸论。弥勒当来下生，佛有豫记，由今观之，其端兆亦可识矣。

程伯淳谓王介甫云："公言道，如在十三级下谈塔上相轮。如某必亲到相轮，方说相轮。"斯言甚是。可为依谤佛法，轻说法身报身大智业用者戒。佛法以证为究竟，本贵其实验耳。真如不可以意想验，若夫八识、四相、三细、六粗遍、五心、五遍行，境内自观察，外参之众同分，未有不可验者。是何纵谈心学而不了于是邪？

佛书纪神变，如大地震动、天雨华等，惟心所见，故亦可尔。然众经多载是言，必非事实，要是记者形容逾溢之辞。盖梵土文章，不长叙事，是以至今无史。其叙事率如辞赋之言，铺张扬厉，不以为怪。执者以为事实，凿者又云托事喻理，此皆不谙文体之过也。岂独西土，中夏《春秋》以前记述之文，皆非直叙，如《书》称"祖考来格"、"凤皇来仪"、"百兽率舞"，凤之来，兽之舞，事所或有，"祖考来格"，谁其见之？古人文拙，记事多有比况，《左氏》以下始免此失尔。

佛书言体、相、用，由胜论实、德、业转变其名耳。自有生无生诸行，上及真如，无不具此三事。然台宗末流于经论稍有滞箸，即以此三笼罩，转益浮辞，无补实义，即佛家之对策八面锋矣。

某比丘讲《楞严》次，语听众曰："今人言地圆，以美州正昼，当此土中夜为证。此亦不然。如果有人具大神变，一眼观中国，一眼观美州，此昼彼夜，一时具见，始足证成其说。今既不尔，故知其诬。"异时尝为先生述之，先生曰：沙门执箸，一至是乎？佛说《楼炭经》，当是随顺印度旧说，人之所教，我亦教之。佛本阅览博物，苟无关宏旨者，随俗称说，原非执箸。正如此土庄生称"玉女投壶，天为之笑则电"，《艺文类聚》二引。庄生岂未知神气风霆之说邪？至若《华严》所说"华藏世界，本是佛力神变所见"，经已明言。吾辈所依，实是众生同业所感，自与华藏有殊。若谓地圆违反佛说者，彼辈岂谓星球诸土是佛所成邪？诸宝庄严，今在何处？诸刹或以佛音声为体，今何故但以土为体也？若谓此土即佛力所见，是释迦与天主同功，又近于磨说矣。故彼辈所执，格以真俗二谛，皆无可通。

中土浑天之说，起于汉时，尚知地如卵黄。大智如佛，而说华藏世界，各有形相，其于四州，亦不说地为大圆。一类笃信沙门又言："佛正遍知不说地圆者，地本非圆。"乌乎！执箸之见乃至此乎！余尝告言：言地圆者，海陆俱在。佛说四州形相，专据陆土，不涉大海，陆土固非圆相矣。后思此事，不必为通佛之说。法本有权实，时印度人未知地圆，随顺世间而说为非圆，亦无不可。佛法所重，本不在是也。喻如今世学人，皆知思仑之职，司于大脑，而造次演说，则随顺而言心，如云有人心、爱国心等，即生理专家亦复如是。见有言爱国心者，即斥为不解生理，则泥矣。若谓此能思者唯肉团心，则亦妄矣。佛不说地圆，安知非此类邪？

《涅槃经》称"杀一蚁子有罪，杀一阐提无罪"，又称"佛前身为国王，断婆罗门命，婆罗门皆一阐提"。而孔父亦有诛少正卯事，少正卯盖利口覆邦，作奸蠹国，如彭羕、李严之伍。佛典所称一阐提者，亦必梼杌、穷奇凶残箸见者也。若徒以其诽谤争辩而诛之，斯与祆教之戮异宗，李振之杀朝士何以异乎？或曰：两观之事，儒者已疑其诬。释道朗《涅槃经序》云："此经梵本正文三万五千偈，今数出者一万余偈。如来去世，后人不量愚浅，钞略此经，分作数分，随意增损，杂以世语，缘使违失本正，如乳之投水。虽然，犹胜余经，足满千倍。"是《涅槃》固有伪羼之文矣。斯论似得其正。

桂伯华治内典，笃信而好学。以其信之笃，每以《占察经》卜事，多有验者。辛亥武昌起义之初，伯华卜之《占察经》而决其有成。

宋儒以排斥佛法为能。其所斥者，除出家、轮回二事，皆禅宗之语而已，非经论有是也。其所谓心者，但知意识分别，虽喜怒哀乐之未发，亦只见及意根，未能知阿赖邪，况能知无垢识乎？至于二乘利己，大乘度生，菩萨有居士、沙门二类，此似皆不措意，昌狂排诋，甚无谓也。杨、王、焦、彭之徒能知佛孔之同，然其所谓同者，只以禅宗浮夸通脱之言，影响经论，取合儒书而已，非能剀切也，非能证明也。彼封执者，何能起信邪！

明儒或云：佛法皆想像所成，如汉武帝见李夫人耳。彭尺木深非之。余以为地、水、火、风、白骨诸观，或以系心一处，或以对治淫欲，乃其所见，诚若汉武见李夫人也。是故执箸为真，便堕邪网矣。至如一行三昧，直证自心，可云如汉武见李夫人邪？

王介甫以三昧为数名，叶少蕴以禅为传，谓与易同义，焦弱侯云释者放也，此三子皆读佛书，而于译音译义尚不能解。然自李通玄《华严合论》，已启斯弊矣。

世法可不坏出世法邪？不能也。出世法中哀悯众生，如护一子，舍头目脑髓以施人者，称菩萨行，而未尝责人必舍。责以必舍，便非哀悯。在世法中，有时不死节者，不齿于人，是乃责人以必舍也。然彼出世法者，可以不坏世法，此义云何？此身为正报，此土为依报，即白衣所谓命也。已堕正报、依报之中法尔，受其限制，以义务责人死节，以义务而自死节，无可奈何即白衣所谓知命，所谓正命也。庄生不欲以仁义撄人心，此纯为出世法之言也。又云：子之爱亲，命也，不可解于心；臣之事君，义也，无所逃于天地之间。为人臣子者，固有所不得已行事之情，而忘其身，何暇至于说生而恶死！此不坏世法之言也。

问：今人或言：禅宗必无证道之分，以三乘圣者皆见神变，而禅宗不见故。此之为说，得无与定宇、渊如同病邪？答曰：此其愚谬又甚于定宇、渊如矣。今此器界所以不可改移者，以众生同业所见故也。神变所见，如左胁出火，右胁出水之类，虽非全部众生同业所见，犹是一类众生同业所见。顷者世谛愈精，信神变者愈少，既无业感，虽有圣者亦何能示见乎？今世沙门，达者诚少，但以说法及行住坐卧观之，已可睹矣。以无神变谓非圣果，则眩人幻师皆三乘圣者邪？问曰："若今世众生无此业感，何以眩人幻师偏能示见？"答曰：眩人幻师所为，人知其非真实，非圣道也。三乘圣果所为，凡夫以为圣道，实然而能感见。故眩幻可见，圣者所为不可见矣。问曰："世谛精者，莫如今之物理学耳。若如前说，是世谛愈精，真谛愈障邪？"答曰：此亦不然。上圣深达唯心，尚不执同业所感器界为真，岂执别业所感器界为真？今之物理学者，但明同业所感器界而已，其说电子、原子，明言假定。非如胜论执箸极微为实，亦何障于真谛邪？一类居士深疾此学，不知唯物论宗说至极端，尚即唯心见量，况物理学者？无唯物论宗之执箸邪？吾以善接引者不然也。

佛家戒律，因事制法，与此土邦典无殊。印度分地而治，小国寡民，法师之尊，远过于国王大臣。比丘白衣，有贡高我慢，而无谄事正长，故居士五戒，不豫设此条也。此土情实有异，徒以律无阿媚之戒，学佛者无间缁素，皆藉护法之名，谄媚国王大臣，以睎求名闻利养，而贡高我慢者绝焉。是故不知社会情状者，不可以学佛。

佛法四地，乃称出世。出世法者，谓依此可以超出耳，非谓学习时已超出也。若生佗趣，今所不论，苟在人中，可不务民之义乎？行藏仕隐，随意乐为，若世所谓背人道失人格者，宁得不护讥嫌，而以佛法文饰也。口诵瞿昙之言，行在凡夫以下，此与《诗》《礼》发冢宁有异乎？

晋宋间佛法虽未精纯，游其门者，若镏遗民、雷次宗、周续之、宗炳，皆纯德之士，内外相应，其于十五儒中，亦卓然居一焉。隋唐经论译本，转益精至，清修独在沙门，而居士落漠矣。顷世沙门文学转衰，白衣知见或居其上。然名德如晋宋四子者，盖有之矣，我未之见也。桂伯华雅操可观，而瞑眚未息。仆则近视茂弘、方回，且犹却步，焉拟四子也！故知人乘之，与大乘盛衰相扶矣。

《易》为开物成务之书，所说皆世间法也。世法之极，于是微箸出世之专。《传》曰："作《易》者其有忧患乎？"文王虽拘羑里，而逆王势尽，不久当就俘灭，未足措意，其所忧患，则"群龙无首"，

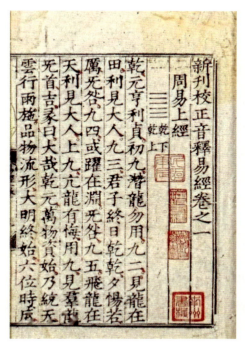

《周易》书影

"生生不已"。虽以五戒既济，非入无余涅槃而灭度之，亦终于未济而已。何谓五戒？"妇丧其福，勿逐，七日得"，知其无盗、无淫也；"东邻杀牛，不如西邻之礿祭"，新菜礿祭以示明信，知其无杀、无妄语也；"濡其首"，《未济》言"饮酒濡首"，此不言饮酒，知其无饮酒也。以五戒度人，但足经国宁民而已，人人具足五戒，此为至治之极，而生生不已，终于竞争。是以虽度而未得度也，此文王、孔子之所同忧，非大圣孰能与于斯？

《世说》：殷中军、孙安国论《易》，以为拟器拖象，系器则失之矣，故尽二仪之道不与乾坤齐妙，风雨之变不与巽坎同体。谅哉斯论！彼天地者，只乾坤之一象尔。乾知大始，坤作成物。乾即阿赖邪，先有生相，即起能见，能见而境界妄见矣，故曰大始。坤即末那，执此生为实，执此境界为实，皆顺乾也，故曰成物。阿赖邪识有了别，无作用，故曰知。末那恒审思量，思即是行，故曰作。

余前言：乾为臧识，坤为末那，今又得二证。"大哉乾元，万物资始"，此固阿赖邪之征；"至哉坤元，万物资生"，即无明为缘生弟一支也。无明无往不在，而末那我痴即是无明本体。且《坤》卦言"先迷后得主"，迷者，无明不觉之谓。依如来臧，有此不觉，不觉而动，始为阿赖邪识，故曰"先迷"。阿赖邪识既成根本无明，转为我痴，执此阿赖邪识，以为自我，故曰"后得主"。以其恒审思量，故《传》曰"后得主而有常"；以其执持人法，故《传》曰"含万物而化光"，明万法依是建立也。又《易传》言："乾坤，其易之缊邪？"韩康伯释缊为渊奥，殊不剀切。《说文》：缊，绋也；绋，乱枲也。乱枲犹言束芦，末那执阿赖邪以为我相，为因缘，犹如束芦，即生生之本矣。《归藏》坤在乾先，据先迷也。《周易》坤在乾后，据后得主也。

《易·上经》始乾坤，《下经》始咸，先儒或以天道人事比傅。韩康伯非之。然《经》分上下，要非无意。案：佛典言十二缘生，弟一支为无明，弟八支为爱。无明发业，爱欲润生，由是一切法生，流注不绝。若徒有无明，不以爱为增上，则不得展转结生也。故《易·上经》首乾坤者，说无明支，《下经》首咸者，说爱支。爱莫甚于男女，故以夫妇表之，《易》说缘生，较然可知。

易者，象也。易无体，则相无自性性矣。"生生之谓易"，易无体则生无自性性矣。"易无思无为也，寂然不动"，易无体，则胜义无自性性矣。

"一阴一阳之谓道"，实有乎？"继之者善也"，固有乎？皆如幻也，唯性成之耳。性者何谓？意根四相，由我见我痴所执，而阴阳仡立矣；由我爱我慢所推，而仁义流行矣。继之者理实有恶，但云善者，善尚非极成，何况于恶？

"穷理尽性，以至于命"，本《易传》语。《易传》所说，非褊局之言也。理即是法，理即名相，名相即法。生之谓性，穷尽者寻其本际。寻法本际，法无本际，惟是一切种子，随心所见，则达法空矣。寻生本际，生无本际，惟是无明业力，引生相续，则达生空矣。知其尔者，《易传》言"生生之谓易"，又言"神无方而易无体"。无体即非实有，易非实有，康成以易为变易，是也；又云不易，则与无体之说背驰；复言简易，愈不涉矣。《春秋传》言"易不可以占险"，似是简易之义。要之，古人循声立训，无所不可，非必本义然也。余昔以易为巍，亦为沾滞。则生亦非实有，非空如何？生既是空，法亦可知。复言至于命者，《庄子·寓言》云：

"莫知其所终,若之何其无命也?莫知其所始,若之何其有命也?"非无命,非有命,则必思及缘生,缘生末支所谓"生有以正报而见此身,以依报而见此土",《易》言"至命",亦谓是耳。问曰:《论》称"五十而知天命",皇侃《疏》曰"天本无言,而云有所命者,假之言也",斯论为闳达矣。今《易传》数言命者,何邪?答曰:此土圣哲所立义谛,率是随顺故言,罕尝自造名字。老庄多有自造名字,孔氏则少。以见量观曾是苍苍者,而有教令诒人,若云上神默示,愈为非量,是故命是假言,天亦借表,明其假借,言之非有碍也。若宋儒张子厚、近儒阮伯元辈,执箸名言,视同具体,此乃为皇生所笑矣。

《世说》:"殷荆州曾问远公:'易以何为体?'答曰:'易以感为体。'殷曰:'铜山西崩,灵钟东痴,便是易邪?'远公笑而不答。"然则仲堪于易所见犹滞,感本众心业用,因缘假合,非有实法。感为体,则易无体,愈可知矣。老聃教仲尼曰:"白鹢之相视,眸子不运而风化;虫,雄鸣于上风,雌痴下风而化,类自为雌雄,故风化。"此言以类相感,苟非其类,虽感不痴,下至政教,亦莫不尔。是以周召之迹,一君无所勾用矣。《易》说既济,还即未济;孔子答老聃曰"有弟而兄啼"是也。此一章者,遍略《易》中深趣。

《易》之为书,有文同义异,杂在一篇者,如《革》言"革面"、"革命",又言"黄牛之革";《蒙》言"童蒙",乃冢字义,"蒙杂而箸",乃牿字义。此之糅杂,其义焉施?异域有人谓《易》为上古字书。《系传》称"开而当名,辨物正言断辞则备矣",此岂徒为字书之类?《成唯识论》云:"于无量名句字陀罗尼自在者,谓法无碍解,即于能诠总持自在,于一名句字中见一切名句字故。于后后慧辩陀罗尼自在者，谓词无碍解，即于言音展转训释总持自在，于一音声中见一切音声故。"如革如蒙，能诠自在，展转训释而不相妨，此即所谓"开而当名"也。且圆景备未备之象，一形兼未形之形。《成唯识论》云："于无量所说法，陀罗尼自在者，谓义无碍解，即于所诠总持自在，于一义中见一切义"，故此所谓"辨物正言断辞则备"也。

问：佛法所说"一切有情，结生相续"，而《易传》称"精气为物，游魂为变，是故知鬼神之情状"，岂精气游魂分为两趣，灵爽不灭为鬼神于大虚中邪？此乃堕入常见，何故此土圣哲，所见卑劣如是？答曰：《易传》所说亦与佛法不殊。精气者，有形即是色蕴。举精气，则毛发骨血足以兼晐，此本四大集成，死后还归四大。近世质家谓之物质不灭，故曰为物。游魂者无形，即受想行识四蕴，此为业力所持，流转诸趣，故曰为变。鬼之为言归也。神者，引出万物者也。归即四大集身还归四大。引出万物，即是无明及行二支。前世说《易》不了，于是堕入常见，诚使鬼神依处大虚，仲尼不得无我矣。问曰：若尔，儒家公孟云何说言无鬼？答曰：俗人横执死后幽灵常住不灭，不审其为中有。中有者，前有后有之间，瞬息所见者耳，势不经久，故言无鬼也。若谓一切灭尽是死，即涅槃又堕入断见矣。非常非断，《易传》契于中道。

《易·离·象》曰："大人以继明，照于四方。"广言则同种中兴，狭义则一姓似续。君统而在一姓，则戒以"突如其来如，焚如，死如，弃如。"突本作㐬，不孝子突出，不容于内也。父子之亲，斯为天性，非有必争之富贵，甘为逆节者希。独有君统，一国无二，争之者必出于篡杀。楚商臣、蔡般、莒仆、元凶劭、隋炀帝、唐穆宗、朱友珪之事，非以君统召致邪？因是反动，则晋杀申生，汉诛临江、戾园，王莽杀其子宇、子临，唐高宗杀章怀，玄宗杀三庶人，所以受潜肆忍者，亦唯君位之以是。故世及之制，终于孝慈道尽，父子相夷，虽郊祀配天，明堂配帝，其得失岂相庚偿乎？《震·卦辞》"不丧匕鬯"，《彖》曰："出可以守宗庙社稷，以为祭主也"；而爻称："震不于其躬，于其邻"，《象》曰："虽凶无咎，畏邻戒也。"《易》言君主世及，独此二卦，垂戒切挚，乃至是乎？是以《丰》言夷主配主，言其为主，而更与民平等敌体。此唐虞之所未能，唯文王为知是也。

古之聪明睿知神武而不杀者，此不能于持世得之也。刑措不用，囹圄尽废，盛于一时而不可长久，非独横目之民、赤县之地为然，虽见神我，处四空，其犹未可。《未济·象》曰："君子以慎辨物居方。"辨物者，违于平等；居方者，不达法界，是以君子慎之。

《易正义序》曰："原夫《易》理难穷，虽复玄之又玄，至于垂范作则，便是有而教有。"今详《周易》所说，皆在生灭门中，终以未济始见玄宗耳。仲尼《系传》乃在言象之表，此固冲远所不识也。

《老子》言"玄之又玄，众妙之门"，其贵玄可知。又言"涤除玄览"，明玄亦当遣，即破除所知障矣。苟非以是释之，终莫得解也。

关尹、老聃以空虚不毁万物为实。空虚何以不毁万物？空虚何以为实邪？此义当思。空虚不毁万物者，不坏相而即泯也；即此为实者，泯相显实也。周颙之难张融曰："即色非有，佛绝群家。诸法真性，老无其旨。何不取斯语观之。"空虚非谓邻碍之空，邻碍之空今所谓真空。

关尹称"在己无居，形物自箸"。就众生缘起言，不守自性，故动；依动，故能见；依能见，故境界妄见也。就真如自在用言，离于见相，自体显照一切妄法也，未尝先人而常随人。就世法言，以百姓心为心也。就出世法言，有依佗心，无自依心也。建之以常无有者，如实空也；主之以大一者，等同一味唯一真如也。

老庄盛言缘起、内证，少言涅槃。唯庄子说"卜梁倚不死不生"，老子说"保此道者，不欲盈。夫唯不盈，故能蔽不新成"，皆涅槃义。盈者，赢也；蔽者，毕也；如寿蔽天地之蔽。不盈者，所谓无余依能毕；不新成者，所谓我生已尽，不受后有。

《庄子·田子方》篇：孔子见老聃，老聃曰："吾游于物之初。"孔子曰："何谓邪？"曰："心困焉而不能知，口辟焉而不能言。"游于物之初者，谓一念相痴，觉心初起。心起无有初相可知，而言知初相者，即谓无念离念境界，唯证相痴，非一切妄心分别所能拟似，故曰"心不能知，口不能言"。及孔子请问游是之方，老聃曰："草食之兽，不疾易薮；水生之虫，不疾易水。天下者，万物之所一。"天下指器界，依报也；万物指众生诸趣，正报也。所依之土为此能依者之同业所感，故曰"万物之所一"也。次言"贵在于我，而不失于变，且万化而未始有极"。此则老子自说菩萨地，穷法身平等，随处示见，不受正报依报之果。及孔子问以修心，而老子言"如水之于汋，何修之有"？此既自道阶位，又自一念相痴，以还觉心初起，心无初相，正所谓如梦渡河者。乃知菩提之法，众生具有，非可修相，其言玄眇，直到佛界。故孔子出告颜回，而有"醯鸡"之欢；所谓"发覆"云者，盖孔子犹谓心有初相，觉可修得，闻老聃言，始知其如梦如幻也。观此初心无念，唯证相痴，依正不二，唯心所见，觉非修作，毕

孔子像   孟子像

老子像   庄子像

竟无得。诸胜义谛，非老子不能言，非仲尼不能受，非颜回无与告也，所谓传正法眼藏者与？然释迦得究竟觉，正师子吼，六种震动。老聃得究竟觉，乃掘然，若槁木然，若非人者。中夏素风，不尚神变。又于是时释迦已转法轮，据马格斯牟拉所考，佛出世去孔子生，不及十年。

不欲于一土见二佛耳。《庄子》称："尧让天下于许由，许由称：子治天下，天下既已治也。我犹代子，吾将为名乎？"处世、出世，其法尽同。使有牧女见其羸廋而献乳糜，则老聃亦怡然受之矣。

问：杨仁山撰《南华经发微》，以十大释《消摇游》，言不剀切，所举大风、大路、大年、大我等名，体相相违，而视为同慨；《消摇》之旨，岂如彼所说邪？答曰：《消摇》一篇，纯是发挥"常乐我净"一语。学鸠、大鹏，细大有异；灵椿、朝菌，修短不齐。计以常情，则宛有胜劣；会之定分，而互为悲笑，要皆拘阂于形气之里，流转于生死之域，起止成坏，未能自在。夫唯至人无待，乘正御变，以游无穷。以无待，故无有大年、小年、大知、小知，是常德也；以无待，故无不消摇之地，是乐德也；以无待，故绝对不二，自见平等法身，是我德也；以无待，故不见幻翳，证无垢识，是净德也。此篇自尧让以前种种譬喻，总是发明此义，故列于内篇之首。彰灼如此，而杨氏不憭，猥以十大缴绕，亦其蔽也。

《庄子·田子方》篇："仲尼曰：古之真人，其神经乎大山而无介，入乎渊泉而不濡，处卑细而不惫，惫古音如逼，借为逼字。充满天地，既以与人，己愈有。"《华严》说："三地菩萨以一身为多身，多身为一身，石壁山障，所往无碍，犹如虚空；于虚空中加趺而去，同于飞鸟，入地如水，履水如地，其身自在，乃至梵世。于四摄中利行偏多，心随于慈，广大无量不二。"此之谓也。虽然，职为师儒，从大夫后，桓魋拔树，犹且削迹而行，前者四事，可以变眩示人耶？故推之古之真人。

庄生数言"以不知知之"，即谓以无分别智证知也。世人习睹，以为常言。校以远西康德，方知其胜。康德见及物如，几与佛说真如等矣。而终言物如非忍识境界，故不可知，此但解以知知之，不解以不知知之也。卓荦如此，而不窥此法门，庄生所见，不亦远乎？

《庄子·天运》篇说：孔子见老聃自言："论先王之道，明周召之迹，一君无所钩用。"老子答以"六经先王之陈迹，时不可止，道不可壅。"此言世务日移，不可守故也。孔子三月不出，复见曰："丘得之矣。乌鹊孺，鱼傅沫，细要者化，有弟而兄啼，久矣夫，丘不与化为人！不与化为人，安能化人？"老子曰："可，丘得之矣。"此正今之进化论尔。先说群生孳乳，次"有弟而兄啼"者，自然淘汰，后来居上，即所谓"天地不仁，以万物为刍狗"，以此推证，而故迹之不可守，明矣，故曰"丘得之矣"。

问：《庄子·田子方》篇仲尼曰"哀莫大于心死，而人死亦次之"，心岂有死邪？答曰：心体不灭，心相可得变坏，即此变坏可言心死。今人有惧死后我断者，告以死于此者即生于彼，便可减其怖畏，安富尊荣，随流漂失，恬旷者亦能安之。若夫聪明转为聋瞽，睿博变为顽嚚，虽贤哲能无哀乎？仲尼之言，深入人心渊奥。世有儒家宗匠，未证二乘，无学大乘三贤，而悍然言死不足畏者，殆皆夸诞也。问曰：若尔，杀身成仁、伏节死义者，亦皆伪邪？答曰：此亦不然。情志方猛，舍生舍识，皆不暇计，何得为伪？要是一期暂发，与平日坐论则殊矣。问曰：重更趣生，向之知见漂失者多，前圣何不为人延保知见计，乃以杀身成仁动人慕跂也？答曰：此即菩萨行耳。"菩提萨埵"译言"觉"，有情已向觉矣。知见何由而漂失乎？问曰：审尔，何故以心死可哀告颜回，颜回乃未入三贤地邪？答曰：痴问之辞，所说多端，先以群情为其缘起，终说"汝奚患焉，虽忘乎故吾，吾有不忘者存"，见颜回有大愿自在力，有人死无心死也。若未如颜回者，转生以后，心体虽无去来，而心相多分变坏，即为心死。

印度素未一统，小国林立，地陕民寡，才比此土县邑聚落，其君长则宗子祭酒之伦也。其务减省，其国易为，则政治非所亟，加以气候温燠，谷实易孰，裘絮可捐，则生业亦非所亟。释迦痛之，故出世之法多，而详于内圣。佛典有《出爱王经》，为世尊论政之言，绝无深语，足知非所措意也。支那广土众民，竞于衣食，情实相反，故学者以君相之业自效，以经国治民利用厚生为职志。孔老痛之，则世间之法多，而详于外王。兼是二者，厥为庄生。即《齐物》一篇，内以疏观万物，持阅众甫，破名相之封执，等酸咸于一味；外以治国保民，不立中德，论有正负，无异门之衅，人无愚智，尽一曲之用，所谓衣养万物而不为主者也。远西工宰，亦粗明其一指。彼是之论，异同之党，正乏为用，撄宁而相成，云行雨施而天下平。故《齐物论》者，内外之鸿宝也痛机之云，非局于当人问答之间，亦当观彼一期政俗风会迁变之迹。吾国人心自昔迄今，多堕断见，以为一棺戢身，万事都已，故我爱增上，而艰于舍生。既知生必有死，无所逃于天地之间，则寄我爱于子孙后嗣。子曰："及其老也，血气既衰，戒之在得。"盖为是也。庄生知之，故唱言："若人之形者，万化而未始有极，为不善于幽间之中者，鬼得而诛之。"轮回之义既明，则世人系恋驰求之心可以少杀。印度数论执我，是思；胜论执实德句义，是实。有性多堕常见，故佛唱言无我，双破二执，以显真常。彼二圣者，异地则皆然也。且此土政治生计，较为切要，孔氏且不置论，即老庄本多持世善俗之谈，天人大小糅在一篇，固其所也。如广成子、华封人之言，乃天乘矣。盖当时集录，非其自宗所在。犹经典中杂经及律说仙人事，是其类。如有知言之士，曲为科判，权实异宜，较如朱墨，则庄生文旨不将大明于天下邪？

庄生临终之语曰："以不平平，其平也不平；以不征征，其征也不征。明者唯为之使，神者征之。夫明之不胜神也久矣，而愚者恃其所见入于人，其功外也，不亦悲乎！"夫言与齐不齐，齐与言不齐，以言齐之，其齐犹非齐也。以无证验者为证验，其证非证也。明则有分别智，神则无分别智。有分别智所证唯是名相，名相妄法所证，非诚证矣。无分别智所证始是真如，是为真证耳。所谓"一切众生，以有妄心，念念分别，皆不相痴，离念境界，唯证相痴"，临终乃自言其所至如此。

《庄子·刻意》篇说："精神四达并流，无所不极，上际于天，下蟠于地，化育万物，不可为象，其名为同帝。纯素之道，唯神是守。守而勿失，与神为一。一之精通，合于天伦。"成玄英《疏》训"帝"为"审"，乃用《诗传》"审谛如帝"之义，亦不必尔。此故圣王治世之喻言耳，若以为诚然者，即堕《中庸》天磨之见。《则阳》篇少知曰："四方之内，六合之里，万物之所生恶起？"大公调曰："阴阳相照相盖相治，四时相代相生相杀，欲恶去就，于是桥起。雌雄片合，于是庸有。"少知曰："季真之莫为，接子之或使。孰正于其情，孰偏于其理？"大公调曰："或使莫为，在物一曲，夫胡为于大方。"案：其所言"或使"则有作者，"莫为"则纯自然。而万物之生，皆其自化，则无作者；不觉故动，则非自然。莫为之论，犹在一曲，况言"或使"邪？明《刻意》篇所说必是喻义也。世以庄生为天乘者，何不就《则阳》篇观之。

《老子》称："大上，下知有之；其次，亲而誉之；其次，畏之；其次，侮之。"秦皇魏武，民犹有畏。新都初政，尚畏侮参半也。开平、天福之事，欲不纯于召侮，得乎！

人之欺诈，由于见疑之深，故《老子》曰："善者吾善之，不善者吾亦善之，德善。信者吾信之，不信者吾亦信之，德信。"其道可知而不易为也。

老聃云："前识者，道之华而愚之始。"谢大傅云："吁谟定命，远犹辰告，有雅人深致。"人之狂悖，事衅未箸，而告以危亡之征，其有听邪？吾是以不释然于聃、谢之言。

名言之中，理相为世宙所同，故老、庄、孔、佛之言，转译无异议；事相为国土所别，自无相同之埶矣。独《庄子·在宥》篇云将见鸿蒙称："天忘朕邪？吾遇天难，天降朕以德，示朕以默。"《知北游》篇老龙死，神农曰："天知予僻陋慢诞，故弃余而死。"夫尊称其人，说之为天者，独于梵土见之，彼语曰提婆译，即天字。中夏所未尝有，而庄书有，是岂上古或有斯言邪？又《说苑·君道》篇鲁哀公问于孔子曰："吾闻君子不博，有之乎？"孔子对曰："有之。"哀公曰："何为其不博也？"孔子对曰："为其有二乘。"哀公曰："有二乘，则何为不博也？"孔子对曰："为行恶道也。恶恶道不能甚，则其好善道不能甚；好善道不能甚，则百姓之亲之也亦不能甚。"哀公曰："善哉！吾闻君子成人之美，不成人之恶。微孔子，吾焉闻斯言也哉！"泛观此义，所谓恶不仁者能为仁，即渴不饮猛虎泉，困不息恶木阴之说，虽非孔子，何必不能为斯言也。又亦博者相乘，其道固然，以有二乘为行恶道，义何所取？此之引喻，盖为《法华》所称"十方佛土中，唯有一乘法，无二亦无三"，《胜鬘》所称"若如来随彼所欲而方便说，即是大乘，无有二乘。二乘者入于一乘；一乘者，即弟一义乘。"故说有二乘为行恶道，《楞伽经》：二乘、外道，皆称恶见。是非孔子不得闻也。夫入道阶次，彼此事相不同，而孔子乃口述之。《说苑》成于鄝向，非若《列子》诸书，为已见佛经所增饰者，此之疑，事无可解也。

王夷甫重老子，知其无为，不知其无不为。王介甫重老子，并知申韩之法，亦出于是矣。殊途同归，俱用败亡者，何哉？不知以百姓心为心也。"轻则失臣，躁则失君"，老聃以为至戒。"有道之君贵静，不重变法"，韩非亦知之矣。而介甫不悟，岂明老氏之术者邪？

老子生卒年月，史所未详，世多疑之。汪容甫遽谓老后于孔，彼据段干之封为言。按本传云："老子之子名宗，宗为魏将，封于段干。"《集解》云："《魏世家》有段干木、段干子，《田完世家》有段干朋，疑此三人是姓段干也，本盖因邑为姓。《风俗通·氏姓》注云'姓段名干木'，恐或失之矣。"是说最谛。段干木为魏文师，则宗封段干尚在魏文之先，容在献子、桓子之世，或更在前矣。据《年表》，魏文侯斯元年，去孔子卒裁五十五年，李宗为将宜与孔子卒时相近，则老子不在孔后，旳然无疑。其以老莱子、大史儋为即老子，本是传疑之言，不为定证。或疑老子至假，七世，在汉孝文帝时。孔子至襄，九世，为汉孝惠帝博士。以世系长短论，似老不在孔前，不悟婚姻胎育，自有早莫，二世之差，岂足以定先后邪？

说《老子》者，以韩非《解老》为至，虽未完具，其已解者，不可易也。王辅嗣说，抑为其次，而文义缴绕已多。汉时训说，今所不传，大史公《乐毅传》曰："乐臣公学黄帝、老子，其本师号河上丈人，不知其所出。河上丈人教安期生，安期生教毛翕公，毛翕公教乐瑕公，乐瑕公教乐臣公，乐臣公教盖公。"是则河上丈人远在衰周之世，而云汉文就见，必非其实。今之《河上公注》，镏子玄已征其伪矣。严君平《指归》者，亦非质信之书。《艺文志》有《老子傅氏经说》三十七篇，《牟子理惑论》云："吾览佛经之要，有三十七品，老子《道经》亦三十七篇。"是傅氏经说，汉季犹存也。窃意汉人述作，质厚有余，眇义固非尽解。及张鲁《想余》之注作，黄巾依以为名。唐世传本虽多，多出羽士，若傅奕之流是也。由今追观，安得不以辅嗣本为正邪？

沙门皆谓老、庄纯执自然，斯乃辅嗣、子玄一偏之论，非老、庄本旨然也。一切皆因缘生，故无自然；而真如本识非因缘生，则安得不言自然？且自然犹言法尔，佛书亦言法尔道理，何以无所讥弹乎？王、郭之论，一切皆是自然，今即《老子》本文观之，知其不尔。《老子》云："希言自然，飘风不终朝，骤雨不终日。孰为此者，天地。天地尚不能久，而况于人乎？"此言风雨，乃天地所为业用，既有生灭，本体即是无常。诸生灭者，并以前念后念递积而成，此为等无间缘，非自然也。"希言自然"者，正见一切法，皆有缘起耳，而真如本识无有缘起，是以"希言自然"，而非不言自然也。

仲尼以一贯为道为学，贯之者何？只忠恕耳。诸言洁矩之道，言推己及人者，于恕则已尽矣。人食五谷，麋鹿食荐，即且甘带，鸱鸦嗜鼠，所好未必同也。虽同在人伦，所好高下，亦有种种殊异。徒知洁矩，谓以人之所好与之，不知适以所恶与之，是非至忠，焉能使人人得职邪？尽忠恕者，是唯庄生能之，所云齐物即忠恕两举者也。二程不悟，乃云佛法厌弃己身，而以头目脑髓与人，是以己所不欲施人也。诚如是者，鲁养爱居，必以大牢、九韶邪？以法施人，恕之事也；以财及无畏施人，忠之事也。

问曰：为道则贯以忠恕，是已。彼为学者，何与忠恕事邪？答曰：举一隅以三隅反，此之谓恕。《荀子·非相》云："圣人何以不欺？曰：圣人者，以己度者也。故以人度人，以情度情，以类度类，以说度功，以道观尽，古今一度也。类不悖，虽久同理。"顾凡事不可尽以理推，专用恕术，不知亲证，于事理多失矣。救此失者，其唯忠。忠者，周至之谓，检验观察必微以密，观其殊相，以得环中，斯为忠矣。今世学者亦有演绎、归纳二途，前者据理以量事，后者论事以成理。其术至今用之，而不悟孔子所言，何哉！

子绝四：无意，即末那不见；无必，即恒审思量不见；无固，即法执、我执不见；无我，即人我、法我不见。意根、末那，我见之本也。恒审思量，思此我也。一切固执，执此我也。是故，意为必固所依，我为意之所见。绝四则因果依持，皆已排遣。然则仲尼大圣，本以菩萨利生，今说绝四，若非金刚喻定，即是小乘趣寂之果。何故有梦有哭也？凡自初地以往七地，以前四者已不见行，非纯灰灭如小乘所为，亦非能至金刚喻定，虽不见行，而见亦自在，是故梦见周公，哭颜回，哀馆人，事非为虚伪，以此通之，自无质碍。杨慈湖辈以无意为心不起意，此但不起分别意识耳。初习禅定则然，证道非尽于是也。

小乘诸师皆以大乘为非佛说，而大乘师谓文殊、普贤摄阿难至铁围山外结集大乘，此岂可为诚证邪？余意大乘必非阿难结集，而文殊、普贤实有其人，则结集大乘者也。此皆地上菩萨邻于佛位，示见外道居士，等身与佛酬接，不在千二百五十人之数。迨乎圆音一演，其修证所得，超过小乘不可计量，故最胜义谛在此，而不在彼。喻以此土成事，如孔子所言箸在《论语》，而深美之说翻在庄周书中。庄周述孔，容有寓言，然而频烦数见，必非无因，则知孔氏绪言遗教，辞旨闳简，庄生乃为敷畅其文。总纰于彼，而成文于此，事所宜有。子曰"六十而耳顺"，明为自说阶位之言，而耳顺云何，莫知其审。庄周述之则曰："听止于耳，心止于符。孔子行年六十而六十化，鸣而当律，言而当法，利义陈乎前，而好恶是非直服人之口而已矣。使人乃以心服而不敢蘁，立定天下之定。"耳顺之旨，居然可明。

依何修习而能无意无我？颜回自说坐忘之境，仲尼曰："同则无好也，化则无常也。"一切众生本无差别，是之谓同。知同，故能无好；能无好，而我爱遣除矣。结生流注本是递嬗，是之谓化。知化，故达无常；达无常，而我见我痴遣除矣。是则颜回已证，仲尼为推见道之因晓示来学，非为颜回告也。初晓颜回，但以克己复礼见端耳。凡人皆有我慢，我慢所见，壹意胜人，而终未能胜己，以是自反则为自胜。自胜之谓克己，慢与慢消，故云复礼。我与我尽，性智平等见前，此所以为仁也。颜回庶几之才，闻一知十，乍聆胜义，便收坐忘之效。及劣根如楚灵王，复以斯语责备者，灵王欲求九鼎，为石郭以象帝舜，其慢心时人无有也，充其慢心，才力足以自胜，非若齐景、鲁哀，阘茸不能自振者矣。综观前史，戴渊盗贼之魁，周处恶人之选，及其折节改行，毅烈贞固，风操卓然，乃若张华、王戎之伦，何足以与是邪？观仲尼之惜灵王，而以慢胜慢之理见矣。克己由己，其致一也。

孔子川上之叹云"逝者如斯夫，不舍昼夜"，即佛家阿赖邪识恒转如瀑流之说也。孔子此言赞美之乎，抑伤流转之莫知所至，而示人以缘起也？观其无意、无必、无固、无我，则已断末那，八识将全舍矣。惜乎明道、白沙皆不了此，而以逝水为道体也。

皇侃《论语疏》说"仰之弥高，钻之弥坚，瞻之在前，忽焉在后"，引孙绰曰："夫有限之高，虽嵩岱可陵；有形之坚，虽金石可钻。若乃弥高弥坚，钻仰所不逮，故知绝域之高坚，未可以力至也。"又云愈瞻愈远，愈顾愈后。孙绰云："驰而不及，待而不至，不行不动，孰能测其所妙哉。"此与《起信论》所说"菩萨见佛，报身无量，相好庄严，所住依果，亦无有量，随所示见，即无有边，不可穷尽，离分齐相"，义正相似。

皇侃疏《论语》，傅之释典，孔子几与释迦同科，其言信有美者。然如郭象说"颜渊死，子哭之恸"云"人哭亦哭，人恸亦恸"，则为未谛之谈。孔子固痴是地上菩萨，犹未证入佛地，断所知障而不尽断烦恼障，焉得无恸哭事乎？若大迦叶，为佛门上首，佛终双树，而迦叶不起悲恸，此为声闻圣果，断烦恼障而不断所知障也。二障双断，则为佛，固无悲恸矣。至于菩萨声闻事态有异，何能一概？若孟孙之母死不哀，庄生之丧妻鼓琴，其情又自别也。

问：孔子既是法身大士，痴有神变，纬书所说，当亦非诬。答曰：非也。持世之圣，必不以变怪眩人。所以者何？神变之事，妖人与有，虽能暂镇一时，佗日必因以起乱。故《戴记》所述仲尼说鬼神事，徒以周礼未改，不可猝更，故就经疏通尔，必不为之增上如纬书所说矣。庄子述气听事，此但自心证知，外不示见，故可为也。其外见者，持世之圣必不为之。《列子·黄帝》篇说石壁出人，随烟上下，魏文侯曰："夫子奚不为之？"子夏曰："夫子能之而能不为者也。"列子为魏晋间人伪撰之书，犹能解此。惠定宇、孙渊如辈所见，乃不逮魏晋清谈之徒远矣。

　　问：《论语》《易传》所说无我无生，鬼神情状彰灼如此，老庄或言鬼神，知亦随俗假言矣。乃如二戴所记郊社、祭报之事，援引圣言以为质证，似实执天神地只人鬼为有，何故圣语自为矛盾？顷世经师依以立说，少有同异，便骂狂禅。既显有征据，若为得通？答曰：诸说皆是今文经师所传，不可质信。虽有真者，仲尼内证二空，而示见宰官，则为持世之圣。政法礼俗，无缘骤革，姬公旧典，非可顿删，亟欲改革，立见崩溃。是故袭明顺古，视有典常，就俗依经为之疏解，此乃依于客观，非依主观，真圣人之糟粕也。《华严》说五地菩萨为利益众生故，世间技艺靡不该习：所谓文字、算数、图书、印玺、地水火风种种诸论，咸所通达；又善方药，疗治诸病；文笔赞永、歌舞妓乐、戏笑谈说，悉善其事；日月星宿、鸟鸣地震、夜梦吉凶、身相休咎，咸善观察。如前诸技，诚能饶益世间矣。至于占梦相人之术，本由邪妄，而亦随世习学，非其事邪？乃如佛藏《楼炭》等经所说世界成立见状，皆非诚谛，亦由随顺彼土故言也。佛典已就部署，尚须判教；况于孔父之书，高下权实，杂在一篇，而可视为同概。经师不了，以为实然，正与末法沙门说地非圆体者同例。此类封执，周末已然，是以庄生有时直诃孔子，正解儒林之惑耳。若明世憨山、藕益之徒，谓老孔只在天人乘中，亦由泥其见迹，且以宋儒、道士之说，为孔老之说也。又自鱼豢《魏略》已有老子化胡之说，破其荒诞，宁得无抑扬之辞邪？

阳明之学展转传变，逮及台山、尺木，遂不讳佛法矣。黄薇香称："近儒各言上达。其至谬者，以堕黜聪明直求心体为下学之功，以一念万年为上达之妙。"案：校以《庄子》所称颜回坐忘，孔子言"无古无今无始无终"，则斯说未为谬也。域中之圣，志在为邦，下则能鄙事，上则学周礼，不唯堕黜聪明直求心体而已。汉世称古之学者，三年通一经，三十五经立。旧以是说三十而立，则亦不然。当仲尼时，六经完具，不止五经，三年通一经，常人之业，不以是概至圣！是亦一见总相，一见别相耳。问曰：若尔，先生何故说仲尼贤于尧舜，唯在作《春秋》、修六艺、布群籍、废世卿邪？答曰：自内所证，仲尼与老庄一也，而其术不广被。其功德在人，支持中夏以不弊者，在彼数端。国人尊崇，故宜据其见迹耳。

《春秋》终于获麟，子曰："凤鸟不至，河不出图，吾已矣夫！"斯岂圣人之信符瑞？古人以为善祥，则见而兴感，托以成辞矣。里名胜母，曾子不入；邑号朝歌，墨子回车，犹此意也。《说卦》云"昔者圣人之作《易》也，幽赞于神明而生蓍"，生蓍，如言生钟分耳。《正义》云"深明神明之道，而生用蓍求卦之法"，于文少疏，义则相契。

孔子问礼于老聃，《戴记》所述，则其仪文节奏，斯非孔老之本。《老子列传》记其言曰："去子之骄气与多欲，态色与淫志"，是乃老子所称上礼。上礼解见《韩子》。及仲尼所以告颜回者，亦曰"克己复礼"而已，正本老子义耳。世儒乃云孔老相对，裁及仪容，未举大道，何其粗妄！

仲尼志在济民，理无不仕。子张问行、问达，又问干禄，此则急于名闻利养矣。仲尼告以"寡尤寡悔，禄在其中"，岂所谓取青紫如拾芥者邪？非也。《大戴记·卫将军文子》篇，孔子曰："德恭而行信，终日言，不在尤之内，在尤之外，贫而乐也，盖老莱子之行也。"夫唯动无过举，与物无疵，则国爵屏贵，家人忘贫，菜食豆羹，甘于五鼎，此乃所谓禄在其中。

邦无道，富且贵焉，耻也。而人不能无资生事，是故赐不受命，务为货殖，孔子与之。此见商贾废居胜于事乱君、受禄位矣。顾宁人称学者必先治生，盖得其意。

樊迟学稼，子贡货殖，其为营生一也。必诃以小人者，迟之意盖欲并耕而治，非曰为饘粥也。

《论语》所说胜义，大抵不过十许条耳，其余修己治人之术，乃在随根普益，不主故常，因情利导，补救无尽。谓本无微言妙义者，非也。谓悉是微言妙义者，亦非。且师门从学，已分四科，兼亦外对君相长官及诸凡庸之士，悉以妙义告之，不使甘露成毒药邪？况与政事不相资助也。

《周易》《论语》辅嗣之注、皇生之义近古，莫能尚也。余说胜义，复更玄远，施于笔札，以解后生守文之惑。若夫专家说经者，自有仪法，当如王、皇而止。

文、孔、老、庄，是为域中四圣，冥会华梵，皆大乘菩萨也。文王、老、孔，其言隐约，略见端绪，而不究尽，可以意得，不可质言。至若庄生，则曲明性相之故，驰骋空有之域，委悉详尽，无隐乎尔。《庚桑楚》篇言"灵台有持"以下详说阿陀那识，与慈氏世亲所说，若合符节，即名相亦不间翻忽。《寓言》篇"万物皆种"等语，与《华严》"无尽缘起，又同诸此"文证，谓非地上菩萨，虽甚有口，焉可间也。参以佛说，则大乘菩萨以悲闵利生之故，虽三恶道亦见身而为说法。支那同在人中，众生利根超过诸土，谓无菩萨示见，敷陈大法，又何以称焉。必如顾欢所言，谓孔老已证佛地，此诚未是大毗婆沙论说。圣者有梦，唯佛无梦，而孔子梦见周公，庄生梦为蝴蝶，知其未证佛果，然以言说事状相征，自非地上菩萨必不得尔。夫其事理明白如此，而缁素长老傍皇然疑莫能解说。安得过量英雄，一证兹胜义乎！

颜渊坐忘，所至卓绝。《论语》独称其"不贰过"，以为好学。《易传》独称"有不善未尝不知；知之未尝复行"，以为庶几。后生见其平易，遂作异说，专务求深。案：《成唯识论》说修习位菩萨云："邪行障者，谓所知障，俱生一分。及彼所起，误犯三业。彼障二地极净尸罗，入二地时便能永断。由斯二地说断二愚：一微细误犯愚，即是此中俱生一分；二种种业趣愚，即彼所起误犯三业。"然则永断微细误犯者，二地位也。有不善未尝不知，知之未尝复行者，初地位也。此则颜渊初入极喜地时境界，其后日进，以至屡空。言屡空，则有时不空矣。《成唯识论》云："微细烦恼见行障入四地时，便能永断。彼昔多与弟六识中任运而生，执我见等同体起故说烦恼名。今四地中既得无漏菩提分法，彼便永灭，此我见等亦永不行。"然则微细我见烦恼永灭者，四地位也。微细我见烦恼虽任运生而能屡空者，三地位也。由是言之，颜渊始证初地，后证三地，世人以佛法说孔、颜事，往往奢言无限，不相剀切，何不取是验之邪？

　　人心有相分、见分、自证分、证自证分，前二易知，后二难验。今举一例验之。如素所知见，或往时尝已起此志愿，久渐忘之，展转误思，而当时即知其误，猝然念得，而当时即知其不误。此猝然念得者，不依见闻，不依书史，即自证分也。此当时知其不误者，亦不依见闻，不依书史，即证自证分也。如上所述，先有展转误思，而后猝然得之，前之误思，乃能为后之猝然念得，作增上缘邪？《管子·心术下》篇曰："能止乎？能已乎？能毋问于人而自得之于己乎？故曰思之，思之不得，鬼神教之。非鬼神之力也，其精气之极也。"心理学家称此为阈下意识。

　　《管子·内业》篇曰："道满天下，普在民所，民不能知也。一言之解，上察于天，下极于地，蟠满九州。何谓解之，在于心安。我心治，官乃治；我心安，官乃安。治之者，心也；安之者，心也。心以臧心，心之中又有心焉，彼心之心。"案：此谓治心安心者，还即是心。心可得有两邪？故说"心之中又有心，彼心之心"，盖寻常所谓心者，皆指见分，"心中又有心"，则指自证分。此自解其非有两心之疑也。或云"以心臧心"疑是臧识，绸读上下，知不相涉。

　　问：今之居士，或言孟子我见未除，其言"说大人则藐之"可知也，孟子果增上慢人邪？答曰：孟子我见尽否，今不审知。然说"仁者爱人，有礼者敬人"，及遭横逆，犹惧自反不忠，增上慢人而若是乎？高贤持世，多有扶偏救弊之谈。当孟子时，面谀之事、妾妇之行多矣，若不说藐，则世法不可扶持，本非以此为证入圣道之门也。佛道少说世法，而亦不坏世法，故以平等示人，虽戒贡高我慢，曷尝教人卑谄也？老、庄言世法矣，其以濡弱谦下为表，亦由习行上礼，自伏我慢，而卒未尝为卑谄事。庄生称"为在从众，不贱佞谄"，此则宰世之经，歙歙为天下浑其心耳。今之居士、沙门，因法生毙，阿谀贵胜，以为宜然。就其所说，邓通、董贤反近圣道，而敦尚风节者，当在摈除。若以是为佛法，则佛法真破坏世法矣。岂独孟子所不为，乃亦宋儒之所犟笑也。反身而诚，乐莫大焉，此诚非"常乐我净"，亦不得说为"我爱"，只谓行无不慊，则心无悔恨耳。

孟子称"由仁义行，非行仁义也"，此则地上大士之行。必忘仁义如颜回者，始能之耳。虞舜功德可见，然其内证未尝自言，千载以还何由窥识？孟子直以颜渊之行相拟耳。

孟子称浩然之气，集义所生，直养无害，塞于天地之间。其说实起《管子》，《内业》篇云："大心而敢，宽气而广，其形安而不移，能守一而弃万苛，见利不诱，见害不惧，宽舒而仁，独乐其身，是谓云气，意行似天"，是其事也；又云"专气如神，万物备存"。则孟子所称"万物皆备于我"者，上不涉佛道，下不堕邪定，如锋门之射，造父之御，为人间所痴有，彼所谓豪杰之士也。

告子言仁内义外，墨、孟皆非之，斯由封域不同，因为胶葛。墨子所谓仁者，爱也，义者，利也；孟子所谓仁者，恻隐之心，义者，羞恶之心：斯固不容分内外矣。告子所谓仁义，义则宜耳。韩非《解老》曰："仁者谓其中心欣然爱人也。其喜人之有福，而恶人之有祸也。生心之所不能已也，非求其报，故曰：上仁为之而无以为也。义者谓其宜也，宜而为之，故曰：上义为之而有以为也。"无以为，有以为，正是内外之说。由今观之，典常法度，本无固宜，约定俗成，则谓之宜矣。生斯世为斯民，欲不随其宜而不可。乃有入境问禁，入国问俗，墨子适楚，锦衣吹笙，泰伯奔荆，文身断发，屈建不敢荐芰，翟方进不敢行三年丧，非义外之证乎？义外者，不谓心外有物名义。义亦佗心所成，宁在心外，但有己心不慊，不得不屈志相从者，故说义外。而此屈志相从，亦心之屈耳，终非心外有物名义也。若执心外有物名义者，此朱元晦、戴东原殊别心理之见。韩、告所说有异于是。告子举楚长为例，犹未极成，故为孟子所屈耳。界说既明，事例亦备，则墨、孟、告之说，各得其是矣。

佛以诸行无常，故说为幻。儒人封执，谓死生为常理。即此是常，何得言幻？不悟韩非已说无常，不待佛法也。《解老》篇云："理定而后可得道。定理有存亡，有生死，有盛衰。夫物之一存一亡，乍死乍生，初盛而后衰者，不可谓常。唯夫与天与地之剖判也俱生，至天地之消散也不死不衰者谓常。"然则韩非已见死生为定理，而不谓此经历死生者是常，岂独佛说然邪？常理即常受制于此，常理者非常，焉可混也。虽然，此以权说解彼惑尔。若谈实相，此常理者亦非是常，以可得不死不生故。

中国之民徇通而少执箸，学术、宗教善斯受之，故终无涉血之争。独墨子主兼爱、尚同、尊天、明鬼，而一人一义在所必诛。其言非攻，亦施于同义者尔，苟与天志殊者，必伐之，大戮之。此庄生所谓中德者已。庄生云"为义偃兵，造兵之本"。何者？常战所因，徒为疆易财利之事，胜负既决，祸亦不延。而为宗教战争者，或亘数百年而不已。常法偃兵如向戌、宋牼所为，或无大效，要之亦无害耳。其为天志大义而偃兵者，非徒无效，又因以起宗教战争。是以为兵之本，卒以非乐之故，其道大戮，墨学不用于世。自不然者，墨子之教实与天方基督同科，而十字军之祸，凤见于禹域矣。墨子造攻之见，见其《非儒》诸篇。前此孔、老并生，外有郑子产之流，已见法家端绪，而未尝以同异相争也。自墨子强欲为同，始与儒家为敌，名为非攻，岂非造攻之首乎？幸其不用，未至兴戎也。

问：陆子静言"东海西海圣人，此心同，此理同"，然乎？答曰：然。以直心正趋真如，以深心乐集善行，以大悲心拔一切众生苦，此千圣之所同也。若其别愿，则有异矣。夫拔一切众生苦者，谓令入无余涅槃，此乃终局目的耳，中涂苦痛固亦多端。于是西方诸圣，有发愿令地平如掌者矣，有发愿以方药疗病者矣，此其别愿，固不必同。而此土圣哲，悉以经国宁民为其别愿。欲经国宁民者，不得不同于世俗社会，有毙以术矫之，其迹又或近偏，非徒与佛家仪则不同，乃与自内证知亦异。儒者或诃佛为异端，以迹观之，诚亦非诬也。虽然，前者识其总相，未计其别相也；后者见其别相，未知其总相也。

问：中土师儒以何差弟？如郑康成能令黄巾罗拜，而程正叔不化子瞻，以此相较，知其优劣。然郑君所说天命性道诸事，多近天磨，其执箸又甚于正叔，何邪？答曰：未入资粮位者，凤根所引，或德逾于慧，或慧逾于德，固不可同剂也。明道、白沙见理亦未究竟，故谓纯亦不已胜于前后际断，此乃分别法执所见，然其受用已足，当是二乘不趣寂者。陆子静、杨慈湖、王阳明知见高于明道、白沙，而受用不如，当是大乘十信将发心者。晦庵之说，只有二乘、人乘、外道，是为不定种姓信分微劣者。濂溪、康节，纯是天磨，而受用尚多，是为外道已成就者。横渠亦纯是天磨，而受用不如，是为外道未成就者。陶靖节则近部行独觉矣，阳道州则近麟角独觉矣，焦先则近苦行头陀矣。问曰：如先生说，高下判殊，若为齐物？答曰：齐物云者，谓一切知见，若浅若深，若真若俗，若正若倒，和以天倪，靡不会归真谛，亦非是无高下差别也。

《记·中庸》曰"不诚无物"，诚即佛典所谓根本无明，在意根，则我痴是已，非有痴相，则根身器界诸法，不得安立，焉有物邪？不觉故动，动即生矣。《易》曰："大哉乾元，万物资始。"乾元者何？动是也。诸法因动而见，故曰"资始"。又言"群龙无首"，龙亦指动，群动无首，所谓无尽缘起，故《象》言"天德不可以为首"，其说与"乾元资始"，似异而非异也。程正叔说复卦，以动为天地之心，言亦契当。虽然，佛家穷理尽性，睋其本株，则曰"不觉故动"，又曰"以本觉故，而有不觉，以不觉故，而有始觉"，明三细六粗诸相，因于痴见、烦恼，涤除无明，理事障尽，则始觉同本。此土之圣，唯作《易》者知有忧患，忧其动而生，生无有已时也。若《记》言至诚之效，可以赞天地之化育，可以与天地参，是则崇奉根本无明。而所谓与天地参者，适成摩醯首罗梵天王耳。其知无明为生因，与佛同；而其崇奉无明，与佛异。是故《易》者内道也，《中庸》者外道也。不知契嵩何故张之，而令宋世高材沈溺于是邪？康成注"助天地之化生"，谓"圣人在王位致大平"，义虽无害，观彼下言"不诚无物"，所谓赞化育者，非徒帝王之事矣。

问：《中庸》言诚，既为无明痴相，而《庄子·渔父》云："真者，精诚之至也。不精不诚，不能动人。故强哭者，虽悲不哀；强怒者，虽严不威；强亲者，虽笑不和。真悲无声而哀，真怒未发而威，真亲未笑而和。真在内者，神动于外，是所以贵真也。"《荀子·不苟》云："善之有道者，不诚则不独，不独则不形，不形则虽作于心，见于色，出于言，民犹若未从也；虽从必疑。天地为大矣，不诚则不能化万物。圣人为知矣，不诚则不能化万民。父子为亲矣，不诚则疏。君上为尊矣，不诚则卑。夫诚者，君子之所守也，而政事之本也。"二子贵诚如此，岂皆为子思迷罔邪？答曰：化俗应物，无出于诚，非独二子所言。近事虽佛法所谓发菩提心发大悲愿者，非其心至诚邪！所以者何？既依无明堕入法尔，还依无明超出。如迷东为西者，虽乍觉悟，仍由迷时所行故道，然后得返，况人伦之内非诚不接者乎？中庸所以趋入天磨者，以其既知"不诚无物"，又言"至诚无息"，"至诚可以赞天地之化育，可以与天地参"，究竟堕入大自在天之见。此类是非，各当观其深旨，非可随文生执。

学术无大小，所贵在成条贯制割。大理不过二途：一曰求是，再曰致用。下论动物、植物，上至求证真如，皆求是耳。人心好真，制器在理，此则求是致用更互相为矣。生有涯而知无涯，是以不求遍物，立其大者，立其小者，皆可也。此如四民分业，不必兼务，而亦不可相非。若以其所好，比所不知，是为中德，乃凶德之首矣。精力过人，自可兼业。佛法五明，谓内明、因明、声明、医方明、工巧明，言声明者，即彼土文字训诂之学。逢掖之流，彼此相诋，何哉！

不学稼者，仲尼之职业也，因是欲人人不为稼，可乎？勤四体，分五谷者，荷蓧丈人之职业也，因是欲人人为稼，可乎？吏、农、陶、冶，展转相资。必欲一人万能，执所不可。自政俗观之，九两六职，平等平等。自学术观之，诸科博士，平等平等。但于一科之中，则有高下耳。

陆、王之奋迅直捷,足以摧陷封蔀,芟夷大难,然有破坏而无建设。故阳明既平宸濠,而政绩无可述。徐阶既除严嵩,阶自为政,又无以大过嵩也。吕伯恭知典章,朱元晦能为吏,其材犹小;如陈君举、戴东原辈,辅万物之自然,成天下之亹亹,足以建设矣,然能令民生得职德化,固未足言。必如明道、白沙者,不言而信,不怒而威,然后真见大平也。虽然,以晦庵、东原夷大难,以阳明宰平世,多见其踬碍矣。而近人专守一术,诋佗人为无用,此未知舟车之异宜也。

问:有人言,"宋儒穷理即是计箸名相,理障转深,必无趣道之分",其说谛否?答曰:此则诋诃过甚之辞。断理障者,修道之事,前此闻所成地,思所成地,何尝不计名相乎?而宋儒执理为究竟,彼其言理,容是真谛代名。不悟真谛尚不可执,况未必是真谛邪?慈湖之徒,稍洒落矣。

《老子》称:"知者不博,博者不知。辩者不善,善者不辩。"朱元晦亦解治经大法,然说《易》说《诗》,枉厉奇觚,违反大义,此泛览而不专精之过也。戴东原已能灼知儒效,而封执名言,不能废诠谈旨,此拘于声量,不任见量、比量之过也。

缁衣之禅宗,白衣之王学,末流至于屏绝经典,过自高贤,此于世法世谛且有损矣。不征之事,可怪之辞,一切不论,其于世法世谛岂无益邪?

遣汉宋之封执,泯儒释之异相,以忠恕之道,平论此土师儒,自宋讫清,凡有五科。明道、白沙知见未精,而有萧然自得之趣,为吏则百姓循化,处乡而风俗改善,斯可谓有德者。伊川、中立、显道诸君，才有高下，识有通蔽，随入此流，此一辈也。陆子静、杨慈湖、王阳明见道稍高，其立义直捷，前有张无垢，后有彭尺木、罗台山之伦，此又一辈也。陈君举、叶正则之徒，上规周礼，以经国利民为志，而躬行亦饬。晚有颜习斋，独以六艺为教，抑亦永嘉遗风，而规模殊隘矣，此又一辈也。朱晦庵不尚高论，其治经知重训诂，以少长福建，为吕惠卿、蔡京旧乡，习闻新学，性好勇改，故多废先师大义，而以己意行之，其言道，以天理人欲为不并立，内以持躬，固足寡过，外以莅政，即不能以百姓心为心。罗整庵始言"天理即在人欲之中"，"气质之性即义理之性"，此为朱学之骅角矣。至清而戴氏有作，少学于江慎修，其补正毛、郑《诗》，颇采朱氏《集传》，_{长沙叶德辉言，曾见戴氏原稿，采用朱义尤多。}其文中或尊称为子朱子，明其推重朱氏也。生当雍正、乾隆之交，见其诏令谪人，辄介程朱绪言以骫法，民将无所厝手足，故为《原善》《孟子字义疏证》，斥理欲异实之谬，近本罗氏，而远匡乡先生之失，其间虽有诋诃，亦犹庄周书之讥孔子，禅宗之诃佛骂祖，其所诃固在此不在彼也。是故东原之术，似不与朱氏相入，而观其会通，则为朱学之干蛊者，厥惟东原，此又一辈也。此四家者，虽见有浅深，用有内外，去其轻短之见、奢阔之谈、缴绕无解之辩，居贤善俗，悉有可取。至于周濂溪、邵康节、张横渠三子，所见不出上天造化，阴阳辅治，五行合神，其说近于天磨。在汉有董、眭、京、翼，讫清而有常州今文之学，同波异澜，会归一类，_{此中汉学、宋学之辩，正如天主、天方之争尔。}虽天倪弥覆，常无弃人，而锢蔽已深，行迷难复，恐终自绝于大道也。

焦弱侯云："朱子解经，不信程、张、杨、谢，凡诸灵觉明悟通解妙达之论，尽以委于禅，而惧其一言之浼己。是微言妙义，独禅家有之，而糟粕康秕，乃儒家物也。必不然矣！"斯论固当，然佛典如《楞伽》《密严》《解深密》诸经，《大乘起信》《瑜伽师地》《摄大乘》《辩中边》诸论，言虽高妙而切理厌心，契当不易，未尝超出情量以外，此所谓通解妙达之论也。弱侯自为支谈，及读《论语》多取禅人语录以傅儒书，圆转滑易，不可印持，此乃近于戏论，岂所谓通解妙达者邪？自顾宁人以来，学者恐佛书浼己，甚于晦翁，此则天台、弱侯之反动力也。

颜、李之流，以晏坐寂静为忌，云古圣不为是。宁知无意无我，动止皆定，固与修习者殊。若夫心斋坐忘之说，载在庄书，彼则以为异端也。案：《说文》：观，内视也；《大玄》云："臧心于渊，神不外也。"是则西京以上儒人，已有止观之事，顾未晓其深浅耳。《荀子》称"空石有人，辟耳目之欲，而远蚊蚊之声，间居静思则通，思仁若是，可谓微乎？"《管子》称"一言之解，上察于天，下蟠于地，何谓解之，在于心安。心以臧心，心之中又有心焉，彼心之心。"斯二事者，非所谓禅那静虑邪？空石所为，犹有思索寻求，但是慧解，故荀子未以为满；管子所为则是证解矣。宋世诸英尚不尽晓管义，何况颜、李皮相之士乎？《荀子》又称："微者，至人也。至人者，何强！何忍！何危！故浊明外景，清明内景。圣人纵其欲，兼其情，而制焉者理矣。夫何强！何忍！何危！故仁者之行道也，无为也；圣人之行道也，无强也；仁者之思也，恭；圣人之思也，乐。"由是言之，圣人者，真俗相融用而常寂，斯岂颜、李所得藉口？《荀子》又称："凡观物有疑，中心不定，则外物不清；吾虑不清，则未可定然否也。"《管子》亦云："正心在中，万物得度。"此则真见量，真比量，皆从寂定得之。斯道至常，何间于缁素也？

陆子静言："东海西海圣人，此心同，此理同。"通论总相，其说诚当，至若会归齐物，和以天倪，岂独圣人，即谓"东海有菩萨，西海有凡夫，此心同，此理同；东海有磨外，西海有大觉，此心同，此理同"，可也。此义云何？一类众生，同兹依正则，时方之相，因果之律，及一切名言习气，自为藏识中所同具，故其思仑之轨，寻伺之途，即须据是为推，终已莫能自外。其间文理详略，名相异状，具体言之，虽不一概，而抽象则同。证以推理之术，印度有因明，远西有三段论法，此土墨子有《经上下》，其为三支，比量若合符契。此何以故？以业识同则种子同，种子同则见行同，故且依真有妄，转妄即真。如水与波，非是二物；如麻与绳，非有二性。执箸即是磨外，离执便为圣智。是故世俗凡圣愚智诸名，皆是程度差违，而非异端之谓也。且天下迷妄倒见，有过于唯物论者乎？然就彼所言，推至究竟，所谓五识所触，唯有最初见象，不许杂有意识，此即见见别转，不带名言种子矣。是故唯物之极，还入唯心，倒见之极，几于正见。譬如周行地球者，自东发足，向西直行，一往不回，仍还归发足之地。诸有违异，皆宜以此会之。故《易传》曰："天下同归而殊途，一致而百虑。天下何思何虑！"

庄生之玄，荀卿之名，镏歆之史，仲长统之政，诸葛亮之治，陆逊之谏，管宁之节，张机、范、汪之医，终身以为师资。

王辅嗣说《易》，其明吉凶悔吝之原，至深切矣，而史谓其不达物情，岂明于远而暗于近邪？非也。直由矜躁未除，不能自胜耳。智及之，仁不能守之，辅嗣之谓也。

《明堂大道录》流为张翰风之《风后握奇经》，《公羊》《齐诗》流

严复译《穆勒名学》书影

为康长素之《孔子改制考》。翰风为义和团之先师，长素虽与相反，而妖妄则同。若探其原，则董仲舒、翼奉亦义和团之远祖矣。

严复既译《名学》，道出上海，敷坐讲演，好以《论》《孟》诸书证成其说。沈曾植笑之曰："严复所言，《四书题镜》之流。何意往听者之不知类邪？"严复又译《社会通诠》，虽名通诠，实乃远西一往之论，于此土历史贯习固有隔阂，而多引以裁断事情。是故知别相而不知总相者，沈曾植也。知总相而不知别相者，严复也。

《吕氏·圜道》篇，黄帝曰："帝无常处也。有处者乃无处也。"上语即泛神论，次语了达空间无有。草昧之世，能作是言，何其卓远。案：《五帝本纪》曰：黄帝"迁徙往来无常处，以师兵为营卫"。意者上语本以自道，而后世学者转变其说，增益其辞乎？是必慧利过人者也。

《尚书大传》引《书》曰："予辩下土，使民平平，使民无敖。"乃《汨作》《九共》诸篇之文，其序云："帝釐下土方，设居方，别生分类。"故孙氏《书疏》用《说文》敖训出游为说。盖至是始与游牧之民不相杂处耳。《老子》云"使民重死而不远徙，民至老死不相往来"，斯亦中古之所有也。

《周书·周祝解》则宗教之原，以万物之故不明，乃流为巫祝矣。其言曰："天为盖，地为轸，善用道者，终无尽。地为轸，天为盖，善用道者，终无害。天地之间有沧热，善用道者终不竭。陈彼五行，必有胜天之所覆，尽可称。海之大也，而鱼何为可得？山之深也，虎豹貔狄何为可服？人智之邃也，奚为可测？跂动哕息，而奚为可牧？玉石之坚也，奚为可刻？阴阳之号也，孰使之？牝牡之合也，孰交之？"此皆推求物理，不得其故，而推之于神保。《庄子·天运》篇则直发其蒙矣。

《周书·文儆解》："民物多变。民何向非利，利维生痛，痛维生乐，乐维生礼，礼维生义，义维生仁。"此可谓极尽情伪之言也。

《周书·大开武解》："淫文破典，典不式，教民乃不类。淫权破故，故不法，官民乃无法"。所谓"淫权破故"者，专制之治必破法律也。《大匡解》："明堂所以明道，明道惟法。法人惟重老，重老惟宝。"然则法律必咨乎故老者，由畴人世官也，故文献不足，则夏殷礼不足征。

《周书·度训解》："明王敬微而顺分，分次以知利，知利以知乐，知乐以知哀，哀乐以知慧，内外以知人。"按：知乐然后知哀，故民不乐生，则幸死矣。《老子》云："民不畏死，奈何以死惧之！"民之轻死以其求生之厚，是以轻死。《度训》亦曰："凡民生而有好有恶，小得其所好则善，大得其所好则乐，小遭其所恶则忧，大遭其所恶则哀。凡民之所好恶，生物是好，死物是恶。民至有好，而不让不从其所好，必犯法，无以事上。民至有恶，不让不去其所恶，必犯法，无以事上。"

《周书·命训解》："正人莫如有极，道天莫如无极。道天有极则不威，不威则不昭。正人无极则不信，不信则不行。"案：道天无极以行威，则神道设教之事也。殷周之间，举此足以震叠愚氓。墨翟、董仲舒欲以施之晚世，滋为惑矣。

《周书·命训解》："以绂冕当天之福，以斧钺当天之祸。极福则民禄，民禄则于善，于善则不行。极祸则民鬼，民鬼则淫祭，淫祭则罢家。"所谓"极祸则民鬼"者，与老子转相发明。《老子》曰："以道莅天下，其鬼不神；非其鬼不神，其神不伤人；非其神不伤人，圣人亦不伤人。夫两不相伤，故德交归焉。"

《周书·命训解》："惠而不忍人，人不胜害，害不如死。"故子产治郑以猛。

精理诸子，信其不易。余昔作《明见》篇，谓窥见臧识者莫如荀子，而庄生"灵台有持"之义，失之目前。然则隋唐古德、两宋名儒，瞠目无睹，未足怪矣。又老庄书近佛说者，成玄英辈亦能知之，然佗义既非切直，娟者相驳，遂得转移。《庄子》"灵台有持"等三十八字说阿赖邪识缘起，"万物皆种也"等十九字说无尽缘起，《老子》

"涤除玄览"说断所知障，义不可夺。

《荀子》称"刑名从商"。意者，夏刑三千，周刑二千五百，皆毛举细故，随事生文，故繁啧如此；商律刑名，法例最具，是以其言闳括，可以行远。比其衰也，父师称罪合于一，多瘠罔诏。多瘠犹言加减。若谋杀、故杀、斗杀、戏杀、过误杀等，律条是一，而议罪差次不同。此商律所以简要。末世徒以一律治之，无所轻重，亦由闳括致弊也。若毛举细故者，则无"罪合于一"之事。

管子治齐，首主法律，以此创业垂统，则中主可以持国矣。其《内业》篇乃云："赏不足以劝善，刑不足以惩过，意气得而天下服，心意定而天下听。"过化存神，壹至乎？然则国士巨材，固有超轶法律以上者，而非夸夫所得藉口也。

管子聘周，不敢自方高国；于齐则树门反坫，何其相反。盖小谷之封，《春秋》书之，通于列国，于齐已列为关内侯，关内侯见《管子》《墨子》，即孟子所谓附庸。故得从邦君礼；未受王命，故在周犹处下卿也。所以尔者，身为执政，非高位无以临莅高国；苟受王命，又令齐土分离，此良臣斟酌尽善之心矣。季世弗察，陪臣愆礼，歌雍胪岱，以为当然，言其实事，非夸夫所能听，故不得不贬以为小。李充云："好内极奢，桓公之失。管生遗近节于当年，期远济乎千载，宁分谤以要治，不系己以求名。"所谓君子行道，忘其为身，其说虽近，惧非实事邪？乐毅封昌国君，列为小国诸侯，管、乐之事先后相类。武侯在蜀，有桑八百株，薄田五十顷，不使内有余帛，外有赢财，若与管子相反，而自拟管、乐者，正由深识其心，故行迹不必似耳。

《管子·地员》云："夫管子之匡天下也，其施七尺。"此下所说有"五施，五七三十五尺，而至泉"者，有"四施，四七二十八尺，而至泉"者，有"三施，三七二十一尺，而至泉"者，有"再施，二七十四尺，而至泉"者，有"一施，七尺而至泉"者，有"六施，六七四十二尺，而至泉"者，有"七施，七七四十九尺，而至泉"者，有"八施，七八五十六尺，而至泉"者，有"九施，七九六十三尺，而至泉"者，有"十施，七十尺，而至泉"者，有"十一施，七十七尺，而至泉"者，有"十二施，八十四尺，而至泉"者，有"十三施，九十一尺，而至泉"者，有"十四施，九十八尺，而至泉"者，有"十五施，百五尺，而至泉"者，有"十六施，百一十二尺，而至泉"者，有"十七施，百一十九尺，而至泉"者，有"十八施，百二十六尺，而至泉"者，有"十九施，百三十三尺，而至泉"者，有"二十施，百四十尺，而至泉"者，各为名号，以示区别。其所谓"施"，必锥地入深之物，字当借为"铊"。《说文》："铊，短矛也。"《方言》："矛，谓之鏋"，其字作鏋。酋矛常有四尺，夷矛三寻。今但七尺，则为短矛矣。以此锥地验水，如今探矿者之钻地器也。旧说施为大尺之名，不知土之深者，固非尺所能量也。其所说"庚泥不可得泉"，"清商不可得泉"，"骈石不可得泉"，"灰壤不可得泉"，是钻之而无水者也。

《文子》九篇，本见《七略》，今之《文子》半袭《淮南》，所引《老子》亦多怪异，其为依托甚明。按《文选·奏弹曹景宗》注引《文子》曰："起师十万，日费千金"，张湛曰："日有千金之费。"又《天监三年策秀才文》注引《文子》曰："群臣辐凑"，张湛曰："如众辐之集于毂也。"则张湛曾注此书。今本疑即张湛伪造，与《列子》同出一手也。《隋书·经籍志》有《文子》十二卷，宜即此伪本。其书盖亦附辑旧文，如伪《古文尚书》之为者，故"不为福始，不为祸先"二语，曹子建《求通亲亲表》已引之。子建所见当是《七略》旧本，而张湛摭拾其文，杂以伪语耳。

王逸《正部论》云："天以仙人曰子，众人曰刍狗。爱其子，私其寿；贱刍狗，听其夭。"《意林》引。此谐语也，神教祅祠之说，得之而破。叔师文人，其见乃有高于子云者。

郑君笺《诗》，多拘形迹。《诗》多比兴，虽不如《楚辞》、汉赋羌无事实，而比兴之道，与说礼记事异术，心所怅触，则敷陈之，不必耳目所闻见也。《邶风》言"泾以渭浊"，泾渭岂邶地所有邪？而郑君则谓无一言非实事，每比附《礼经》以成其说，是以拘执鲜通。又汉人之视经典，若神圣不可测者，本是常语而故诘诎其义，以见经文之奥眇。故经典辞气，今儒可贯者，郑君反多不解。非不解也，必令不解，而后经典为神圣也。

铺观前世史家，以子长为上首，而世人忽其微旨。案其深远要眇，通知政俗学术消息之故，发言往往中要害，班孟坚所不与知，佗亡论矣。尝观《春秋》，根依周典，劝善惧淫，三叛欲盖而名彰，齐豹求名而不得，以为至矣。伍子胥之复仇，甚于齐豹，而藉吴覆楚，不得言盗也；其为害宗国也，甚于三叛，而挺身出走，不以地叛也。此《春秋》所不能讥，非独不讥，且不能无褒美。然其祸至酷矣。子胥之事而可为也，则宗国危；子胥之事而不可为也，则不共戴天之义忽。然以亡事至于斯，则《春秋》之法穷，而所为名三叛、盗齐豹者，只防小衅而不足与防剧祸矣。大史生于汉世，见北走胡南走越者之众，两害相校，宁取其轻，故上游侠而传刺客。后世有抱子胥之痛者，伏尸二人，流血五步，足以致命遂志；而借外患以覆宗国者，其事可以不作。故《刺客传》者所以救《春秋》之穷而斡其蛊，此非有深心者不能为也。又观世盛衰者，读其文章辞赋，而足以知一代之性情。西京强盛，其文应之，故雄丽而刚劲。东京国力少衰，而文辞亦视昔为弱，然朴茂之气尚存，所谓壮美也。三国既分，国力乍挫，讫江左而益弱，其文安雅清妍，所谓优美也。唐世国威复振，兵力远届，其文应之，始自燕、许，终有韩、吕、鐂、柳之伦，其语瑰玮，其气奘驵，则与两京相依。逮宋积弱，而欧、曾之文应之，其意气实与江左相似，不在文章奇耦之间也。明世外强而中乾，弱不至如江左、两宋，强亦不能如汉、唐，七子应之，欲法秦汉而终有绝膑之患。元、清以外夷入主，兵力亦盛，而客主异埶，故夏人所为文犹优美，而非壮美。曾国藩独异是，则以身为戎首，不藉主威，气矜之隆，其文亦壮美矣。其或文不适时，虽美而不足以成风会。陆敬舆生唐代，而为优美之文；宋公序、子京兄弟生宋代，而为壮美之文，当时无一从其步武者，此其故不愈明乎？是故文辞刚柔，因世盛衰，虽才美之士，亡以自外。古者陈诗以观民风，《诗》亡而后《春秋》作，次《春秋》而有《史记》。《史记》者，通史也。晁错、仲舒之对策，贾大傅之陈奏，大史皆删剟不录；而于屈、贾、相如诸传，独存辞赋。诚以诸奏对者，被时持世之言；而辞赋本于性情，其芳臭气泽之所被，足以观世质文，见人心风俗得失，则弃彼取此矣。此即孔子删《诗》之志，又非有远识者不能为也。盖道家者流，出于史官，孔子本老聃之徒，故能删《诗》而作《春秋》。司马迁以道家世为史官，故深明其意而次《史记》，其原委朕兆，委曲可睹。守文者昧不睹是，即辨智者亦莫之察，遂令闳美深眇之旨，阅千祀而未发其蒙也。至于归、

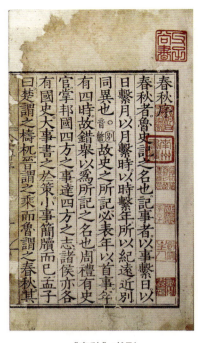

《春秋》书影

方之俦，桐城、阳湖之文人，沾沾于文曲步趣，奉为大师，而斥班、范以下为不足比数，斯又门户之见，非吾党所敢知矣。

《礼记·哀公问》："出以治直言之礼，足以立上下之敬。"《注》：直犹正也；正言，谓出政教也。案：政令皆用直言，故《七略》云"《尚书》直言也"，又云"古文读应《尔雅》"，则郑所谓正言。

《尧典》本为授舜而作，自"慎徽五典"至于"陟方乃死"，皆叙舜功，共、欢、放齐之言，亦为明扬起本。其述尧事，篇端数语，为闳深肃括矣。中间乃有分命羲和一事，下不关舜，上非唐尧，成功盛德而叙述已详，是何古之史官繁简无等若是邪？昔大史公追本楚语，说重黎世掌天官，后为周室大史，所称尧复育重黎之后，韦昭以为羲和。是羲和乃唐虞史官，《尧典》为其手述，盛称己事，犹大史《自序》、孟坚《叙传》尔，宜置篇末，而列在中间者，篇端述唐尧事已了也。

唐承周隋之绪，戕杀萧铣，泯毒汉宗，斯胡戎之嗣子也。李延寿作《南北史》，《南史》书北主则曰崩，《北史》书南主则曰殂。王通《中说》殆亦唐人所拟，其言"戎狄之德，黎民怀之，三才其舍诸"，弃亲昵而媚豺狼，悖逆至此。迄于宋初，鸮音未改，《御览·帝王部》揭举魏周，而江左则入僭伪焉。唐时独有一皇甫湜能正南朝，江陵既陷，始归周统，可谓鸡鸣知旦者矣。宋至温公，方以江左四朝悉承正朔。而朱元晦当南渡偏安，反以南北并列，何其偾邪？

《宋书·五行志》："大康九年，荆州献两足獿。"《御览》九百十引陆机《与弟云书》云："监徒武库建武殿诸房中，见有两足猴，真怪物也。"此两足獿、两足猴，乃同出晋武帝世。《博物志》曰："蜀中南高山上有物，似弥猴，长七尺，名曰猴玃，一名马化，或曰猳玃。同行道妇人有好者，辄盗之以去，而为家室。其无子者终身不得还。十年之后，形类之，意亦惑迷，不复思归。有子者辄送还其家，产子皆如人，有不食养者，母辄死，故无敢不养也。及长，与人不异，皆以杨为姓，故今蜀中西界多为杨姓者，率皆猳玃、马化之子孙，时时有玃爪者。"案：今人谓人为猴类嬗化，晋时所得两足獿、两足猴，则近欲似人者也。非类相交，不成子姓。而猳玃与人相接生子，还若人形，则猳玃与人躯体殆无大异。《抱朴子》引《玉策记》"猿寿五百岁则变而为玃，千岁则变为老人"，殆非虚语。蜀西杨姓多马化子孙，子云自本其先，云出杨侯，又云无佗杨于蜀。杨侯，史传不详；蜀中又无同姓。岂子云本为玃种，抑自别于彼族而言此乎？

《鲁颂》："憬彼淮夷，来献其琛。"《释言》：琛，宝也；而《说文》无琛字。余谓琛、賨音近，侵部、冬部古同用。《说文》：賨，南蛮赋也。淮夷献琛，即献賨矣。音转亦以僋字为之，蛮夷赎罪货谓之僋，俗字作賧。要之，賨为正字，琛、賧乃别出字耳。而賨亦为西蜀人种之名，惟賧亦然。《御览》七百八十九《南蛮》有大賧国，引

《南夷志》云："大赕周四百余里，悉是野蛮，无君长。地有瘴毒，南诏人至，中瘴者十死八九。其土肥沃，种瓠，长丈余，冬瓜亦然，皆三尺围。又多薏苡，无农桑，收此充粮。三面皆是雪山，其高造天。"计其疆域，盖今希摩罗邪南麓地也。《淮南·地形训》云："窞生海人，海人生若菌，若菌生圣人，圣人生庶人。"窞即深字，本音如襌服之襌，窞即大赕也。赕生海人，则扶南骠国诸人也。海人生若菌，若即若水，菌者，《后汉书·西南夷传》莋都白狼王献诗，"魏菌渡洗"译作"与人富厚"，"菌补邪推"译作"部人多有"，是西南夷呼人为菌，言若水上之人也。若菌生圣人者，如昌意降居若水，娶蜀山氏女而生高阳也。用此知中夏人种出于西南。

张仲景、王叔和事，最先见于皇甫谧《甲乙经序》，谧作《释劝论》，又云："华佗存精于独识，仲景垂妙于定方。"葛洪《抱朴子·至理》篇亦云："文挚恁期，以瘳危困；仲景穿胸，以纳赤饼。"此皆举仲景事最先者也。《御览》七百二十二引《何颙别传》："同郡张仲景总角造颙，谓曰：'君用思精而韵不高，后将为良医。'卒如其言，颙先识独觉，言无虚发。王仲宣年十七，尝遇仲景，仲景曰：'君有病，宜服五石汤。不治，且成门后，年三十当眉落。'仲宣以其贲长也远，不治也，后至三十，病果成，竟眉落。其精如此。仲景之方术，今传于世。"何颙见《后汉书·党锢传》，与荀爽同辈，自为仲景先进。颙为南阳襄乡人，而仲景与之同郡，与林亿引《名医录》称仲景为南阳人正相契合；其遇王仲宣，与《名医录》所称官长沙大守亦相契，盖仲宣处荆州，而南阳、长沙皆荆州所部也。

张仲景名机，见林亿所引《名医录》，而王叔和之名，则世所不知。余案:《御览》七百二十引高湛《养生论》,曰:"王叔和,高平人也,博好经方,洞识摄生之道,尝谓人曰:食不欲杂,杂则或有所犯,当时或无灾患,积久为人作疾。寻常饮食,每令得所,多餐令人彭亨短气,或至暴疾。夏至秋分,少食肥腻、饼臛之属。此物与酒食瓜果相妨。当时不必即病,入秋节变,阳消阴息,寒气总至,多至暴卒,良由涉夏取冷大过,饮食不节故也。"《千金方》二十六《食治》篇录《河东卫泛记》云:"高平王熙称:食不欲杂,杂则或有所犯,有所犯者或有所伤,或当时虽无灾苦,积久为人作患。又食啖鲑肴,务令简少,鱼肉果实取益人者而食之。凡常饮食,每令节俭,若贪味多餐,临盘大饱,食讫觉腹中彭亨短气,或致暴疾,仍为霍乱。又夏至以后讫至秋分,必须慎肥腻、饼臛、酥油之属,此物与酒浆瓜果,理极相妨。夫在身所以多疾者,皆由春夏取冷大过,饮食不节故也。"此与高湛所引王叔和说,文义大同,辞有详略,则知高平王熙,即高平王叔和也。叔和名熙,乃赖此一见耳。其卫泛者,《御览》七百二十二引《张仲景方序》曰:"卫泛好医术,少师仲景,有才识,撰《四逆三部厥经》及《妇人胎臧经》《小儿颅囟方》三卷,皆行于世。"泛得引叔和语,则叔和与泛同时。《甲乙经序》云:"近代大医令王叔和撰次仲景选论甚精,指事施用。"叔和与士安同时,晋初已老,疑其得亲见仲景也。

民国既建南京,始用大阳历。盖大阴历以月计年,气盈朔虚,相差十日有奇,必以闰月补缀,用算虽精,徒为劳费,迥不若大阳历之易简也。沈存中《笔谈》已先言之矣。今人或言古人尝用阳历,长沙叶德辉证以古文旮字从日不从月,复有尤某证以颛顼历立春为元。此皆足为知阳历之证,不足为用阳历之证也。自统天术以前,历家皆推

张仲景像

溯历元，颛顼之元用立春，特与诸家用天正冬至为异，若云颛顼用阳历，则诸家皆可云用阳历矣。昏字从日，亦无以见古人必用阳历也。然中土历书既颁月朔，亦箸节侯，期有三百六十五日有奇，朔气相差，乃置闰月，是从古未有不知阳历者。若西土未知阳历以前，岁只十月，三年以还，寒暑相反，此乃只知阴历不知阳历耳。中国则显用阴历，而隐以阳历补苴，本与西土草昧之世异状。夫中国自古知有阳历，固不烦更仆悉数，所欲明者曾用阳历否耳。六家之历，始于黄帝，虽由六国假托，然大桡作甲子，容成造历，见于《世本》，则阴历阳历相互补苴，始此也。黄帝以前，则固尝用阳历矣。《周髀算经》

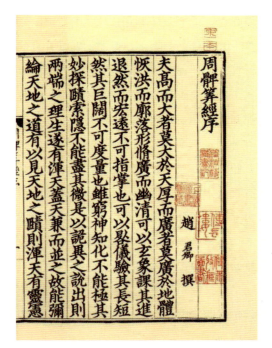

《周髀算经》书影

曰："古者包牺、神农制作为历，度元之始，见三光未如其则。日月列星，未有分度。日主昼，月主夜，昼夜为一日，日月俱起建星。月度疾，日度迟，日月相逐于二十九日三十日间。而日行天二十九度余，未有定分，于是三百六十五日南极景长，明日反短，以岁终日景反长，故知之三百六十五日者三，三百六十六日者一，故知一岁三百六十五日四分日之一。岁终也，月积后天十三周，又与百三十四度余，无虑后天十三度十九分度之七，未有定。于是日行天七十六周，月行天千一十六周，及合于建星。置月行后天之数，以日后天之数除之，得十三度十九分度之七，则月一日行天之度。复置七十六岁之积月，以七十六岁除之，得十二月十九分月之七，则一岁之月。置周天度数，以十二月十九分月之七除之，得二十九日九百四十分日之四百九十九，则一月日之数。"此章推溯上古定历之原，其始但见日月相逐于二十九日三十日之间而已，固不能定朔策也。而日月出入，以成昼夜，则举目而知之，亦未知积日若干，乃成一岁也。由是测景以辨长短，初岁日在建星，其景极长，积测三百六十五日，日复舍于建星，景又极长，始知三百六十五日为一岁，犹未知有余分也。积测四次，最后一次三百六十六日，而日景反长，举四次所得积日，分为四岁，乃知三百六十五日四分日之一为一岁。是则测景四周，已知有大阳历矣。而月之行度，必测至七十六岁，屡用通分约分之法，乃始知其委悉，而朔策始定，以二十九日九百四十分日之四百九十九为一月都数。是则岁实早定，四年而成；朔策后知，七十六年始晓。则当四年以后，七十六年以前，中间七十二岁自不得不用阳历。若不用阳历者，朔策未成，以何计月？然则任用阳历，古自有之，特远在包牺、神农之世耳。如上所说，岁实测景而可知，朔策积算而方了，加以时有久近，分有繁简，则岁实易明，朔策难晓，较然可知矣。然自黄帝、尧、舜以来，必舍阳历不用，而以阴阳历互相补苴者，由民间视月，举头可见盈亏，故颁朔以便民耳。曾不悟置闰纷繁，布算丛碎，徒令日官措心无用之地；而民间农候以二十四气为主，反当窥视历书，而不能屈指以稽也。远西之士必谓阳历后定，阴历先成，以言彼土则得之矣，遍观大地未可以一概相齐也。

《管子·轻重戊》曰："虙戏作造六法，旧误作峜以迎阴阳，作九九之数，以合天道。"是虙戏时已有九九也。徽《九章序》云："昔在包牺氏，作九九之术，以合六爻之变。"然所言固是大数，九章之术，慮戏时未必已具也。九数始见保氏，其始盖隶首倡之，九数已具，始称作数，非前此遽无数也。朔闰中节相补，始称作历，非前此遽无历也。

《周髀算经》商高说圆方句股之术而云："禹之所以治天下者，此数之所生也。"若无句股重差，无以准望高下，禹之治水非此不理，是九章已具于禹时矣。《易·系辞》："大衍之数五十，其用四十有九。"孔广森说以句三股四弦五为本，五十即并句股弦三方之数，四十九即句股并而自乘之数，五十与四十九较一，即句股较股弦较之数，其说当矣。名之曰大衍者，《说文》衍训行水，禹治洪水，决江河使东注海，此所谓大衍也。以禹始广用句股，故遂称句股曰大衍云尔。或曰大衍之字借为羡古字，本通羡者，长也。《周髀算经》曰："两矩共长二十有五，是谓积矩。"谓句一矩、股一矩，各自乘之也。若增弦一矩，自乘之，则为数五十矣。故曰大羡，说亦可通。

自宋以来，以圆径七周二十二为徽率，圆径一周三一四一五九二六五为密率。密率肇自祖暅，而所谓徽率者，亦徽之约率耳。徽注《九章·方田》篇云："径与周数通相约，径得一千二百五十，周得三千九百二十七，即其相与之率。若此者，盖尽其纤微矣。举而用之，上法仍约耳。"今详径一二五，周三九二七即径一，周三一四一六也，此率视祖氏稍疏，而视世人所称徽率为密，今人常算，多用此率。徽又自言"上法仍约"，再密则不得不为祖氏密率矣。然则密率实始鬷公，祖乃因而箸之耳。鬷之约率，径七，周二十二。祖亦用之。而李淳风反以约率为密，转相驳难，斯为倒见。

周三径一之率，误以六觚为圆，此独《九章》旧法然耳。自鬷子骏铜斛已变此率。徽注《九章》尝校其数，周视鎦徽、祖暅弥强，而视秦九韶、钱塘为弱。康成注经，多用旧法，然子骏铜斛，固在其前。鎦徽之注《九章》，在陈留王景元四年，见《隋·律历志》。亦上去康成不远。近孙仲容疏《考工记》，以为新率虽密，不可用以解经，岂忘鎦氏之言邪。

今之算术形法，皆以图绘其于平面，则得之矣。立体用图，唯可作线，其全形终不具也。古者立体则累棋而割之。《九章·商功》篇鎦徽注方亭术曰："立棋三品以效高深之积：假令方亭上方一尺，下方三尺，高一尺，其用棋也，中央立方一，四面堑堵四，四角阳马四，上下方相乘为三尺，以高乘之，约积三尺，是为得中央立方一，四面堑堵各一。上方自乘亦得中央立方一。下方自乘为九，以高乘之，得积九尺，是为中央立方一，四面堑堵各二，四角阳马各三也。上方自乘，以高乘之，得积一尺，又为中央立方一。凡三品棋，皆一而为三，故三而一得积尺。用棋之数，立方三，堑堵、阳马各十二，凡二十七棋，十二与三更差次之，而成方亭者三，譣矣。"阳马术曰："合两鳖臑成一阳马，合三阳马而成一立方，故三而一。譣之以棋，其形露矣。悉割阳马，凡为六鳖臑，观其割分，则体埶互通，盖易了也。其棋或脩短，或广陕，立方不等者，亦割分以为六鳖臑。其形不悉相似，然见数同，积实均也。"又云："使鳖臑广袤各高二尺，用堑堵、鳖臑之棋各二，皆用赤棋；又使阳马之广袤高各二尺，用立方之棋一，堑堵、阳马之棋各二，皆用黑棋。棋之赤、黑，接为堑堵，广袤高各二尺，于是中效其广，又中分其高，令赤、黑堑堵各自适当一方，高二尺，方二尺，每二分鳖臑，则一阳马也，其余两端各积本体，合成一方焉，是为别种而方者，率居三；通其体而方者，率居一。虽方随棋改，而固有常然之执也。"其羡除，刍甍诸术，徽注亦皆用棋。迄及齐梁，法守未改，《少广》篇李淳风注引祖暅之开立圆术曰："以二十一乘积十一而一开立方除之，即立圆径，其意何也？取立方棋一枚，令立枢于左后之下隅，从规去其右上之廉，又合而横规之，去其前上之廉、右前之廉，于是立方之棋分而为四，规内棋一谓之内棋，规外棋三谓之外棋，规更合四棋复横断之，以句股言之，令余高为句，内棋断上方为股，本方之数其弦也，句股之法，以句幂减弦幂，则余为股幂，若令余高自乘，减本方之幂，余即内减棋断上方之幂也。本方之幂即外四棋之断上幂，然则余高自乘，即外三棋之断上幂矣。不问高卑，执皆然也。"然则规矩准绳，所以辨形审曲，至于立体，非棋无以辨之。棋之用，乃与规矩准绳等，而典籍所称，未甚较著，显微阐幽，焉得不汲汲乎？近有贵州彭氏，雕木作三乘方以上诸形，盖心知其意者也。

《大行人》《职方氏》所载周世统治疆域，广轮万里，秦、汉以来无是也。近人或以统治全球说之，斯则万里复嫌其陕。周尺不可推校，且以虑虒铜尺说之，一尺当清时营造尺七寸四分，则万里者今之七千四百里也，自乘之幂得五千四百七十六万方里，以清时中国领土，益以日本、朝鲜、交趾、暹罗、缅甸，外及南洋群岛，已得此数。成周之盛，南致越裳，北抚肃慎，至于鲜卑守燎，则西伯利亚亦在领域矣。何忧方数不及乎？

今西人来游长城者，见其下基宽厚，而上耴削薄，谓合于力学之理、建筑之法，不意秦时乃已知之。余谓今长城非秦长城，唯宣化至山海关一带五六百里之间，盖犹仍其故耳。然建筑之术，墙垣下厚上薄，此则秦时本有其法。《九章算术·商功》篇曰："城垣隄沟堑渠皆同术，术曰：并上下广而半之，以高若深乘之，又以袤乘之，即积尺。"所列诸问，如"城下广四丈，上广二丈"，"垣下广三尺，上广二尺"，"畍下广二丈，上广八尺"，皆此制也。沟堑渠则上广下单，乃从其水孔言之，水既上广下陕，则缘边崖岸，自为下广上陕可知。张苍本秦御史，所述《九章》又非秦时始有，此制其来旧矣。西人不窥中土旧籍，妄疑古人本无定术，特临时暗合者，何其轻肆！

声音清浊，自空气颤动而成。今之无线电，以颤动数等，则彼此相应也。古人造律，意即在是。《庄子·徐无鬼》篇说："鲁遽调瑟，废一于堂，废一于室，鼓宫宫动，鼓角角动，音律同矣。"《御览》五百七十五引《广古今五行记》曰："晋中朝有人畜铜为盘，晨夕恒鸣，如人扣杠，以白张华，华曰：此盘与洛钟宫商相谐，故声相应，可错令轻，则韵乖自止。"韦绚《嘉话录》云："洛阳有僧房中磬子，日夜辄自鸣，僧惧成疾，求术士百方禁之，终不能已。曹绍夔来问疾，僧具以告。俄击斋钟，磬复作声，绍夔出怀中错，鑢磬数处而去，其声遂绝。僧问其所以，夔曰：此磬与钟律合，故击彼应此。"此皆无线电之理也。

秦汉之文，不尽可法。如《大史公书》，常有辞不比顺，意不相属者。又如邹阳上书，缠复缴绕，转笔引事，其立意仍与上同。使今人为之，适足为笑，而古人之文，若终已不可及者，亦时孰为之。立文造句，今昔不同，生当其时，则辞气自异。如郑君本非文章之士，而自今视之，若不可攀跻矣。

今人为俪语者，以汪容甫为善，然犹未窥晋人之美。彼其修辞安雅，则异于唐；持论精审，则异于汉；起止自在，无首尾呼应之式，则异于宋。以后之制科策论，而气息调利，意度冲远，又无迫笮塞吃之病，斯信美也。今之作者，局促若斯，曾足以仿佛邪？

问：桐城义法何其隘邪？答曰：此在今日亦为有用。何者？明末猥杂佻侻之文，雾塞一世，方氏起而郭清之，自是以后，异喙已息，可以不言流派矣。乃至今日，而明末之风复作。报章小说，人奉为宗，幸其流派未亡，稍存纲纪，学者守此，不至堕入下流，故可取也。若谛言之，文足达意，远于鄙倍可也，有物有则，雅驯近古，是亦足矣，派别安足论！然是为中人以上言尔，桐城义法者，佛家之四分律也，虽未与大乘相齿，用以摧伏磨外，绰然有余，非以此为极致也。

在昔，北音本与南音相近。造《切韵》者多是北人，而所定音切，与今世北人唇吻所发，大异其趣。司马温公作《指掌图》，亦非今之北音也。自汴都覆亡，骤经金元之乱，异种杂居，北方音韵已非华夏之旧，既失故步，反目正音为南音。故无识之人辄斥《切韵》为吴语，可谓倒乱之尤矣。

黄侃云：歌部音本为元音，观《广韵》歌戈二韵音切，可以证知古纽消息，如非敷奉微知彻澄娘照穿床审禅喻日诸纽，歌戈部中皆无之，即知古无是音矣。此亦一发明。

《诗》者被之管弦，用韵独严。孔子系《易》，屈原《离骚》，与《诗》异撰，则杂用者多，然亦不越音例之介。即言语流变，亦复如是。音例者，阴阳弇侈之条，若刑律之有名例矣。

《广韵》平声五十七部，阳声三十五，阴声二十二。以音理言，唯阴声有入，而《广韵》配入声三十四部于阳声诸部，此何故邪？则以阴声仅二十二，以二十二配三十四，相差甚远，故不得已而配阳声耳。本无佗意，而后人深求之，翻不得其命意所在。此类多有。

《春秋传》以秦杀三良，知其不复东征。其后秦卒兼并六国，君子之言，竟为无谶。然窥其微旨，固已远矣。秦穆悔过，为《秦誓》，书言：好彦圣者，能保子孙黎民；而媢嫉者反是。是以有焚舟之胜，意得志满，忘其前言，死而弃民，以三良为殉。终后焚书坑儒，仍其媢嫉，蒙恬之死，犹以三良为言。关东诸侯并起而亡秦族，非以是邪！此与魏文终后，孙仲谋料其大臣纷争，皆一时无征，而积久有谶也。

河间献王卓尔大雅，其子平城侯礼乃坐恐猲取雞以令买偿失侯，复谩，完为城旦。见《汉书·王子侯表》。诸为恐猲者多矣，今所取不过一雞，令买偿而复欺谩，无赖至此，则献王固无遗教也。生长深宫之中，虽贤父不能善其子。

世以宋仁宗与汉文帝并称，仁厚则同，才略大小，区以别矣。当文帝时，外患犹亟，平城之耻未除，而国力犹屡，宿将死亡略尽，一与决战，成败未可知。文帝独以养民丰财，驯至富强，诒征讨之功于武、宣，而己不与焉，北虏之耻，已在掌握中矣。此必非仁宗所能逮也。吴王蓄谋反侧，贾谊已深忧之，而孝文不以为意，及皇大子提杀吴嗣，足以激其兴戎，亦无张皇之态，知吴王不敢与己争也。末年得一周亚夫，破吴之谋遂定于此，此又非仁宗所能逮也。独其宠幸邓通为失耳。

何平叔附曹爽，柳子厚、鎦梦得附伾、叔文，皆由忠诚激发，不暇择人，而获比匪之讥。范希文始为鎦、柳理冤，钱晓征始为平叔辩诬，知己之难，诚千载一遇哉！或曰：斯义可以论平叔、鎦、柳，不可以论郑注，注果忠诚激发，前此不当陷宋申锡矣！曰：注诚非平叔、鎦、柳比，果能定事明主，何必不贷其往恶乎？《荀子》云："君子度己则用绳，接人则以曳。"用绳故，虽平叔、鎦、柳，犹不为也；用曳故，虽郑注，犹曲贷也。

魏玄成谏诤剀切，至学术则非其所知。所集《群书治要》，有古书十余种，为今世所无有，故其书因以见重。若在当时，盖不足道。观其截削文句，多令塞吃难通，至于编次经典，卦取一爻，象存半语，割裂诬谬，令人失意。其《类礼》五十篇，盖亦此之流也。孙炎之书已废，而魏书代之，元行冲为作疏，张说尼焉有以也。唐初名相，虽被服儒雅，实无根柢，观房玄龄所注《管子》，妄陋如此。兹二公者，固非汉初张苍、陆贾之伦学有归趣者比也。

以道莅天下者，贵乎微眇玄深，不排异己。不知其说而提倡一类之学，鼓舞泰甚，虽善道亦以滋败。李斯之法律，平津之经术，西晋之老庄，晚明之王学，是已！易代以后，任用如故，而不见其害，则知所失，不在道术，鼓舞甚而伪托者多也。且以琴瑟专一，失其调均，亦未有不立趜者。逮乎易代，随材授任，百技众能，同时登用，未尝偏于一家，故利害相反矣。问曰：晋氏中朝败坏如此，何以言非老庄之咎邪？答曰：庄生言齐物，老聃言无为而无不为。而晋初公辅卿尹，率是一类之人，岂所谓齐物乎？望白署空，唯是无为，所谓无不为者安在乎？此乃正与老庄相反，而伪托其名耳。不然江东改建，王导、谢安亦师老庄之术，何以能支持不败也？而世或言黄老致治，老庄致乱，不悟鼓舞泰甚，其害相均，标榜黄老，则保身持禄无所短长之人，亦连汇而至矣。曹参、孝文用黄老致治者，以未尝题名号召也。

物不可穷，终无既济，虽无政府，宁得久长乎？庄生《胠箧》《盗跖》诸篇，以是为职志者，奢暴之俗，赖斯埽涤，非谓终能如是也。《吕氏·荡兵》篇云："兵所自成久矣，未尝少选不用，在心未发，疾视、作色、傲言、援推，皆兵也。今世之以偃兵疾说者，终身用兵而不自知，故说虽强，谈虽辨，文学虽博，犹不见听尔。"则人心骄慢，铢黍未平，安肯终于恬静邪？然在彼时既无四裔交侵之患，独以暴兵为忧，暂为除遣，未云无效，其犹巴菽、甘遂应时为用也。无政府者，世法中之化城，非能为宝所矣。

佛法有一阐提，世法亦有一阐提。《吕氏》引《子华子》曰："王者乐，其所以王；亡者乐，其所以亡。"《孟子》曰："不仁而可与言，则何亡国败家之有！"

北方文化，日就鄙野，原因非一，有一事最可厌恶者，则火坑是已。男女父兄子弟妻妾姊妹同宿而无别，亟于聚会无所辟忌，则德育无可言。终日炀火，脑识昏聩，故思虑不通敏，则智育无可言。燥热既甚，筋络弛缓，地气本寒，而女子发育反早，未及衰老，形色已枯，则体育无可言。故欲化导北方，以屏去火坑为亟。

今日言治，以循常守法为先；用人亦当叙次资劳，不以骤进。法虽有疵，自有渐进改良之日，若有法不守，其精粗又何足言？诚能守法不回，虽未臻上治，而倒行逆施之事，鲜矣。资劳故非至善，骤欲破格，适长奔竞之门。且破格本以求材，而今日高材固少，就有数人，阴相鼓舞，其用自呈，又焉用骤进也。故为政于今日，两言蔽之：以资劳用人，以刀笔吏守法。虽然，中国民志之弱，民德之衰久矣，欲令富强如汉、唐，文明如欧、美者，此正夸父逐日之见，吾辈处之正，能上如北宋，次如东晋耳。

余自志学迄今，更事既多，观其会通，时有新意。思想迁变之迹，约略可言。少时治经，谨守朴学，所疏通证明者，在文字器数之间。虽尝博观诸子，略识微言，亦随顺旧义耳。遭世衰微，不忘经国，寻求政术，历览前史，独于荀卿、韩非所说，谓不可易。自余闳眇之旨，未暇深察。继阅佛藏，涉猎《华严》《法华》《涅槃》诸经，义解渐深，卒未窥其究竟。及囚系上海，三岁不觌，专修慈氏、世亲之书。此一术也，以分析名相始，以排遣名相终，从入之涂，与平生朴学相似，易于契机，解此以还，乃达大乘深趣。私谓释迦玄言，出过晚周诸子不可计数；程、朱以下，尤不足论。既出狱，东走日本，尽瘁光复之业。鞅掌余闲，旁览彼土所译希腊、德意志哲人之书，时有概述邬波尼沙陀及吠檀多哲学者，言不能详，因从印度学士咨问。梵土大乘已亡，胜论、数论传习亦少；唯吠檀多哲学今所盛行，其所称述，多在常闻之外，以是数者，格以大乘，霍然察其利病，识其流变。而时诸生适请讲说许书，余于段、桂、严、王未能满志，因翻阅大徐本十数过，一旦解寤，旳然见语言文字本原，于是初为《文始》。而经典专崇古文，记传删定，大义往往可知，由是所见，与笺疏琐碎者殊矣。却后为诸生说《庄子》，间以郭义敷释，多不惬心，且夕比度，遂有所得。端居深观，而敷齐物，乃与《瑜伽》《华严》相会，所谓摩尼见光，随见异色，因陀帝网，摄入无碍，独有庄生明之，而

章太炎篆书"子其艰贞"

今始探其妙，千载之秘，睹于一曙。次及荀卿、墨翟，莫不抽其微言；以为仲尼之功，贤于尧、舜，其玄远终不敢望老、庄矣。癸甲之际，厄于龙泉，始玩爻象，重籀《论语》，明作《易》之忧患，在于生生，生道济生，而生终不可济，饮食兴讼，旋复无穷。故唯文王为知忧患，唯孔子为知文王。《论语》所说，理关盛衰，赵普称半部治天下，非尽唐大无谂之谈。又以庄证孔，而耳顺、绝四之指，居然可明，知其阶位卓绝，诚非功济生民而已。至于程、朱、陆、王诸儒，终未足以厌望。顷来重绎庄书，眇览《齐物》，芒刃不顿，而节族有间。凡古近政俗之消息，社会都野之情状，华梵圣哲之义谛，东西学人之所说，拘者执箸而鲜通，短者执中而居间，卒之鲁莽灭裂，而调和之效，终未可睹。譬彼侏儒，解遭于两大之间，无术甚矣。余则操齐物以解纷，明天倪以为量，割制大理，莫不孙顺。程、朱、陆、王之俦，盖与王弼、蔡谟，孙绰、李充伯仲。今若窥其内心，通其名相，宋儒言天理性命，诚有未谛，寻诸名言，要以表其所见，未可执箸。且此土玄谈，多用假名，立破所持，或非一实。即《老》《易》诸书，尚当以此会之，所谓非常名也。虽不见全象，而谓其所见之非象，则过矣。世故有疏通知远、好为玄谈者，亦有文理密察、实事求是者，及夫主静主敬，皆足澄心，欲当为理，宜于宰世，苟外能利物，内以遣忧，亦各从其志尔。汉宋争执，焉用调人，喻以四民，各勤其业，瑕衅何为而不息乎？下至天教，执邪和华为造物主，可谓迷妄，然格以天倪，所误特在体相，其由果寻因之念，固未误也。诸如此类，不可尽说。执箸之见，不离天倪，和以天倪，则妄自破而纷亦解。所谓无物不然，无物不可，岂专为圆滑、无所裁量者乎？自揣平生学术，始则转俗成真，终乃回真向俗，世固有见谛转胜者邪！后生可畏，安敢质言？秦、汉以来，依违于彼是之间，局促于一曲之内，盖未尝睹是也。乃若昔人所诮"专志精微，反致陆沈，穷研训诂，遂成无用"者，余虽无腆，固足以雪斯耻。

是册作于忧愤之中，口授弟子司法金事吴承仕，令其笔述。虽多言玄理，亦有讽时之言。身在幽囚，不可直遂，以为览者自能知之也。民国六年章炳麟识。

苪汉昌言

经言一

乾以资始而行健，坤以得主而有常。乾即阿赖邪识，为万法缘起，故曰资始；恒转，故曰行健。坤即意根，执阿赖邪识为我，故曰得主；恒审思量，故曰有常。按《维摩诘经》："无住则无本。"乾元虽曰资始，其实曷尝有始？坤之有常，承天而时行耳，亦非真常也。是故能用九六，则证得转依，乾坤于是息矣。梁译《起信论》言："如菩萨地尽，满足方便，一念相应，觉心初起，心无初相，以远离微细念故，得见心性，心即常住，名究竟觉。"又唐译云："言心初起者，但随俗说，求其初相，终不可得。心尚无有，何况有初？"用九称"见群龙无首"，所谓"觉心初起心无初相"。用六称"利永贞"，所谓"心即常住"。觉心无初相而乾元尽，心常住而后为真常。用九，《象》曰："天德不可为首也"；用六，《象》曰："以大终也。"所谓无明无始而有终，二用实一事，特于乾言因，于坤言果耳。斯乃佛道究竟之地，则如来乘义也。《艮·卦辞》称"艮其背，不获其身；行其庭，不见其人"，此即断人我见者，则声闻乘义也。观爻辞数称"观我生"、"观其生"，此即辟支佛由观缘生而悟者，其人不说法，但以神变示化，故《观·象》言"圣人以神道设教而天下服矣"，则辟支佛乘义也。如是，《易》中微言，具备三乘，故足以冒天下之道。李鼎祚谓其"权舆三教，钤键九流"，信而有征矣！艮观之人，世或有之，能用九六者唯文王。以之见天则，则化声泯而万物齐；以之宅天下，则九五之大人又不足道。吾乃今知文王之圣也！王子植称乾为知体，坤为意根，而不解二用，万思默称说乾艮，自述若思若无思，洞彻渊澄，廓然边际，亦尚非用九、艮卦真谛。

"万物恃之而生而不辞"，此业识本然。住此识者即有异："万物归焉而不为主"，此如来清净藏也；"万物皆备于我矣"，此世间阿赖邪也。故曰：大道汜兮，其可左右。能左右之曰以"清净"者，其乾之用九乎？林子仁称文王望道未见，此正心无私处。道本无体，亦不可见，此最为知文王者。

问曰：乾元用九，何以见天则邪？曰：天则即庄生所谓天倪。《寓言》篇曰："万物皆种也，以不同形相禅，始卒若环，莫得其伦，是谓天均。天均者，天倪也。"夫群动无首，则万物更相为种子，《华严》所谓"无尽缘起"。斯曰天则，究之无尽，则无缘起，仍所谓心无初相也。

问曰：乾元用九，天下治也。治天下可使群龙无首邪？曰：是言天下已治，非言治天下也。尧让天下于许由，曰："夫子立而天下治。"许由曰："子治天下，天下既已治也！"尧不为尸，由不为宾，居然群龙无首矣。夫能知此心无首者，自可使天下无首。此非高谈妄行所能就也。

《系辞》"一阴一阳之谓道"，依真如起无明，觉与不觉，宛尔对峙，是之谓道，非常道也。"继之者善也"，继，谓相续不断；善者，《释名》云："善，演也。演尽物理也。"此所谓一切种子如瀑流者也。

《蓟汉昌言》书影

"成之者性也",《荀子》云"生之所以然者谓之性",由意根执前者为我,于是有生也。虞仲翔说及。余前述《微言》皆未尽。

意之对境,所谓朋也,不思则朋不从,无意则我不立。文王、孔子所明一也。

《说文》:"善,吉也";"吉,善也。"几者,动之微,吉之先见者也。吉即谓善,故庶几者有不善未尝不知。《庄子》:"瞻彼阕者,虚室生白,吉祥止止。"吉祥亦谓善。形而上者谓之道,形而下者谓之器。形谓七尺之躯也,其智谓之道,其质谓之器,而形兼持之。形与器奚以别邪?器则地、水、火、风,形则眼、耳、鼻、舌、身也。此从世俗言之,究其实,唯乾坤为易之缊。

羲皇时八卦成列，其方位起震终艮。盖声闻辟支佛之说，故不以乾之阿赖邪造端，而衍始于震。震之一动，是即生因也。终于艮，止则不动。何以止之？即艮卦所谓"不获其身"、"不见其人"也。艮言成终可矣，而更言成始者，依羲皇意，固不断法我。《庄子·在宥》篇上言"解心释神，莫然无魂"，下言"物故自生"，即此旨。

庄子称老聃"建之以常无有，主之以大一"，然则常无常有当断。其言"无名天地之始"者，即依他起自性；"有名万物之母"者，即遍计所执自性。随顺依他，不取不舍，故以是观其妙；应用遍计，宣说义谛，故以是观其徼。两者本一自性，故曰"同出而异名，同谓之玄"。"玄之又玄"，则舍遍计所执自性，而入圆成实自性。其曰"涤除玄览"者，犹有玄览，则未离遍计也。

性之本义，直谓生理而已。故告子言"生之谓性"，荀子言"生之所以然者谓之性"，及《孝经》言"毁不灭性"，《春秋传》言"民力凋尽，莫保其性"，则直以性为生也。由是推之，诸言性善、性恶、

章太炎《春秋左传读》线装印本

性无善无不善、性善恶混者，皆不能于阿赖邪识之外指之。若佛书言佛性，佛者不生不灭，则不可以性言矣。又言地、水、火、风亦有性，此四者皆不含生理，亦不可以性言矣。盖译梵书者无以名之，径译曰"性"云尔。然自孟子已言水性，葛洪亦言药性，药本枯草，非有生物。则引申之义，自古而有之。要之不离生而言性者为本义，离生而言性者为引申之义。后世混此二者，故言性者多相诋。

内圣外王之道，不能晏处山林明矣。老聃语孔子曰"为人臣者毋以有己，为人子者毋以有己"，即为臣子而令趣入无我。颜渊欲说卫君，孔子示以心斋，即其近暴人而令瞻彼阒者，此所谓事理无碍也。《易·系辞》云："君子上交不谄，下交不渎，其知几乎？"亦与示颜渊同旨。韩康伯言："形而上为道，形而下为器。于道不冥而有求焉，未离乎谄也；于器不绝而有交焉，未离乎渎也。"说虽超踔，非《易》之旨。

老聃所以授仲尼者，《世家》称："为人臣者毋以有己，为人子者毋以有己"，《列传》称："去子之骄气与多欲，态色与淫志。"毋以有己者，无我也。骄气，我慢也；多欲，我爱也；态色，我慢所呈露也；淫志，我爱所流衍也：是皆去之，与毋以有己相成。不言去欲，而言去多欲者，己欲立而立人，己欲达而达人，亦欲也。老以诏孔，其所就为无我；孔以诏颜，其所就为克己。授受不爽如此，而儒者多忽之。

《系辞》"过此以往，未之或知也"，荀慈明曰："出乾之外，无有知之。"按乾即心体，有转生灭心为真如心者矣，未有心体之外而可知者也。精义入神，不以致用，则为晋人之清谈。利用安身，不以崇德，则是杨朱之为我。高卑虽异，皆视心外有物。故圣人断之曰：过心体以往，未之或知。如是即为穷神知化，如是即为德之盛。

《诗》曰："天生烝民，有物有则。民之秉彝，好是懿德。"孔子曰："为此诗者，其知道乎！故有物必有则，民之秉彝也，故好是懿德。"道不远人，而昧者于人外求道。吉甫知其非，故孔子亦许为知道。然坚执斯义，有物即堕我执，有则即堕法执。我法二执，与生俱有，可不谓民之秉彝乎！吉甫所见，去无我克己尚远。

《荀子·不苟》云："天地始者，今日是也。此本仲尼告冉求说，所谓当下即是也。百王之道，后王是也。"内圣外王之学，不出此十六字矣！七国大儒所以可贵。

《唯识三十颂》云："现前立少物，谓是唯识性。以有所得故，非实住唯识。若时于所缘，智都无所得。尔时住唯识，离二取相故。"《老子》云："上德不德，是以有德。下德不失德，是以无德。"德者，内得于己也。有所得反无德，无所得反有德，是即唯识义也。颜子少时，亦立少物以为唯识性者，所云"仰之弥高，钻之弥坚；瞻之在前，忽焉在后"，是有所见也。孔子博之以文，则知经纬天地，莫非识性，不可以相求矣。约之以礼，则所谓"克己复礼"者。克己有二：断人我见，则烦恼障尽，故人不堪其忧而颜子自不改其乐；断法我见，则所知障尽，于是离于见相。而现前少物不立，有所立卓尔者，即现前立少物之谓。假言如有所立卓尔，吾亦不能从也，即明本无所立，本无所从，非颜苦孔之卓之谓也。若蕺山云："意根最微，诚体本天。以归之得，得无所得，乃为真得，禅家所谓向一毛孔立脚。"夫以意根执我，焉能无得？祇入无所有处而已。宋儒唯林少颖知其义，引《易》"无妄之往何之矣"以为证，明儒则王伯安、邹汝海识之。桓子《新论》"颜渊慕孔子殇其年，如庸马与良骏相逐，至莫垂头不食"，是以颜渊为夸父也。

庄生传颜氏之儒，颜氏之儒，见《韩非·显学》篇。述其进学次第。《田子方》篇：颜渊曰："夫子步亦步，夫子趋亦趋，夫子驰亦驰，夫子奔逸绝尘，而回瞠若乎后矣！"此盖仰高钻坚瞻前忽后之时也。《人间世》篇：仲尼告以心斋，颜回曰："回之未始得使，实自回也；得使之也，未始有回也。"此与克己相应者也。《大宗师》篇：颜回曰："回忘仁义矣。"仲尼曰："可矣，犹未也。"他日复见，曰："回忘礼乐矣！"仲尼曰："可矣，犹未也。"他日复见，曰："回坐忘矣。"仲尼蹴然曰："何谓坐忘？"颜回曰："堕枝体，黜聪明，离形去知，同于大通，此谓坐忘。"仲尼曰："同则无好也，化则无常也。而果其贤乎丘也，请从而后也。"夫告以为仁之道而能忘仁，告以复礼而能忘礼，离形去知，人我与法我同尽，斯谓"克己"。同于大通，斯谓"天下归仁"。此其造诣之极也。世儒徒见其云瞠乎后者，以为贤圣相去，才隔一臂，望其卓尔力不能从，于是颜苦孔之卓之论起，遂成大谬，不悟仲尼方请从颜渊后也。盖非与仁冥，不能忘仁；非与礼冥，不能忘礼。所见一豪不尽，不能坐忘。忘有次第，故曰屡空。非谓一有一无，如顾欢之说也。由是言之，云其心三月不违仁者，尔时犹有仁之见也，逾三月则冥焉忘之矣。由仁义行，非行仁义，斯时违与不违皆不可说。"得一善则卷卷服膺而弗失"，此子思述先君子语，盖难尽信。

"如有所立卓尔，虽欲从之，末由也已。"实无所立卓尔，实未尝欲从，其言如此，乃纵夺之词也。望道而未之见，实亦不望。其言如此，乃立文不得不然也。如《摄大乘论》引《分别瑜伽论颂》："菩萨于定位，观影唯是心。义相既灭除，审观唯自想。如是住内心，知所取非有。次能取亦无，后触无所得。"夫所取能取亦同时而尽，触无所得，则不触甚明，但其立文则然。

《庄子·列寇》篇："贼莫大乎德有心而心有睫，及其有睫也而内视，内视而败矣！"按：德者，得也；睫者，目旁毛，《说文》作睫。所以表目，无睫则谓之瞽。《春官·序官》注，刘昌宗本。心有睫者，言乎其能见也。夫心不见心，而今所得有心，以所见之心为境，以能见之心为睫，如是内视，所见祇为影象，与蜃市寻香城无异，斯于道败矣。然大乘人在加行位，颜子在瞻仰时，靡不经此幻相，以其有障，斯得贼名。所说二十四字，非了达孔颜最后深趣者，必不能道此，旧解皆误。罗近溪称："以澄然湛然为心体，是鬼窟活计。"近溪言此，则为陵越。

问曰：庄周始言心斋坐忘，而《论语》记孔子居不容，则圣人必无静坐息念事。答曰：圣人者，常在定中，何劳静坐。岂独孔子然，宗门如大鉴亦然。自非生知，焉得以是为口实？《曲礼》曰："坐如尸。"常人不习止观，坐至一两刻许，不昏沈即妄念，昏沈者四体弛，妄念者容止变，安能如尸也！故知静坐乃礼家恒教，何容咤为异术？

佛家称止观不相舍离者，即庄生所谓知与恬交相养。蕺山静坐说有止无观，恐不得常止。

《荀子·解蔽》云："昔舜之治天下也，不以事诏而万物成。处一危之，其荣满侧；养一之微，荣矣而未知。故《道经》曰：'人心之危，道心之微。'危微之几，唯明君子而后知之。"按：人心者，有生之本，天地万物由此心造，所谓阿赖耶识，所谓依他起自性也。道心

者，无生，无有天地万物，所谓真如心，所谓圆成实自性也。在
《易》，乾为人心，自强不息，夕惕若厉，斯为危矣；艮为道心，不获
其身，不见其人，斯为微矣。圣人应世，虽已契真如，然此生所托，
则阿赖邪识也。是故处一危之，则光辉日新，烛照万有，所谓其荣满
侧也。养一之微，则涤除玄览，廓然娄空，所谓荣矣而未知也。自伪
古文点窜《道经》，其义稍异。后儒直以人心为欲，道心为理，不悟
理欲皆依人心，若道心则亦无所谓理也。谓之道心，亦不得已而为之
名也。

文王尚不见道，何有于人我见？《周易》皆说阿赖邪识与意根，
而用九、艮卦独舍是，此文王所以为圣也。孔子绝四：无意，无必，
无固，无我。《中庸》植根于天，我见坚厚，此子思之书所以非真先
君子之言也。《中庸》推本天命，犹大梵天见也；所谓性者，即阿德门也；终以至
诚合天，与天地参，吠檀多教所见犹是。

古训最剀切者：《说文》云"我，顷顿也"，此谓我即俄顷之俄，
言其念念生灭如镫中焰炷也。《释诂》云"在，察也"，谓察之则在，
不察则不在，所谓离见则无境界也。

无寻无伺，可以为难矣。意根之恒审思量，非寻伺也，而不舍
我。无喜受，可以为难矣。三禅但有乐受，无喜受也，而不舍我。明
黎知州与唐应德书云："歆羡畔援之无也易，意必固我之无也难，澹
泊者无所爱而自甘，高明者有所主而自执。"此四语卓然出诸儒上。
慈湖《绝四记》颇识无我。而《己易》称所谓我者，"吾性澄然清明而非物，洞然无际
而非量"，仍濡染于神我之见。

王门数传至邹汝海，其所自悟，过于白沙、阳明，如云："识仁

者，识吾本有之仁，不假想像而自见，毋求其有相，唯求其无相。"又云："不读书人止有欲障，而读书更增理障。一心念天理，便受缠缚。尔祇静坐，放下念头，如青天然，无点云作障，方有会悟。"自周、程以来，唯汝海知有所知障，知有法空观，不知其行能弇言否耳。

王门后贤如王子植，习定之精纯，论心之微眇，真所谓智过其师者也。最可惜者，既识乾为知体，坤为意根，然不悟用九用六，自其乾元坤元。既云"真常不变之理为性，默运不息之机为命"，然又云"但有生几，更无无生之本体"。若然，此真常不变者，亦生几邪？一念未达，至自入岐路，悕矣。宗门观父母未生身前本来面目，原非了义。本来面目，即在生灭中，何得向前寻讨？子植盖知此语之误，然何不曰生几本幻，即此生几即是无生邪？

伊川云："使颜子而乐道，不为颜子矣！"王信伯申之曰："心上一豪不留，若有所乐，则有所倚。功名富贵固无足乐，道德性命亦无可乐，庄周所谓至乐无乐。"今按颜子自述，先忘仁义，次忘礼乐，次乃坐忘，若所乐在道，则犹有法我执，非坐忘也。乐性命则生天趣，所谓三禅遍静天，去颜子克己益远。

胡仁仲云："疏水曲肱安静中乐，未是真乐；须是存亡危急之际，其乐亦如安静中，乃是真乐。此岂易到！"余谓孔子所举，道其常也；围于陈蔡而弦歌不辍，则常变皆乐矣。其后嵇康临刑，从容鼓琴，此亦不易得也。虽然，齐死生、等夷险者，未必皆能舍我。孔颜之乐，由于无我克己，则常变不足论。嵇康祇归大梵天趣。

苏子瞻《易解》云："古之君子患性之难见也，故以可见者言性。

苏轼像

以可见者言性，皆性之似也。圣人以为犹有性者存乎吾心，则是犹有
心也。有是心也，伪之始也。于是又推其至者而假之曰命。命，令
也。君之命曰令，天之令曰命。性之至者非命也，无以名之而寄之命
耳。死生寿夭无非命者，未尝去我也，而我未尝觉知焉。圣人之于性
也，至焉，则亦不自觉知而已矣。命之与性，非有天人之辨也。于其
不自觉知则谓之命。"按：性即众生心，人有心而不自见，犹不自见
其手足百体也，聋盲不泰甚乎！虽然，以心求心，无有少法，能取少
法，所见者但其影像耳。犹有性者存乎吾心，则未离见相二取，而所
得皆幻也。彼以为存察之际体段昭然者，见此影像而已。以不见见，
是谓真见。故圣人眹之天而假言命，命岂性之谓邪，以其视之不可

见，听之不可闻，搏之不可得，故比拟相类也。性之至者，离心缘，离见相，故圣人之于性也，至焉而不自觉知。是以孔子无知，颜渊坐忘，文王望道而未之见，然后为实，然后为非幻也。子瞻所论，义谛超越，而说经之体，不可以释典名言相糅，故其言如此。晦翁不识，乃谓其词闪倏泫兼，不可捕捉，使读者茫然，欲攻之无所措其辩，岂不浅甚矣哉！子瞻虽未体道，学焉而知其义，此岂可厚诬也。《圆觉经》云"何寿命相，谓诸众生心照清净，觉所了者，一切业智，所不自见"，子瞻云"不自觉知谓之命"，本此。

仁者爱人，恻隐为仁之端，训仁为爱，古之质语然也。上蔡、横浦以为仁即是觉，谓其知痛痒，以医经称痿痹曰"不仁"反证。孟子曰："仁，人心也。"心非觉乎？此则二家之说，亦不违于孟子。若然，仁与智奚分？曰：有分别智此谓智，无分别智此谓仁。人心本仁，徒以我相人相隔之，则彼此不相喻。一旦克己，则彼此之心通而为一，自见天下皆归于仁，亦如释迦成佛而知众生本来是佛也。

佛家以直心正趣真如，亦以大悲心广利众生，虽不住生死，亦出入生死，本非断灭。宋明诸儒喜言天地万物与吾心同体，而不敢言天地万物由此妄心所造；喜言生生而不敢言无生；喜言川流不舍昼夜，而不敢言恒转如瀑流者为无常，盖唯恐入于断灭也。王门后学有胡正甫者，略言"天地万物为心造"，已为诸儒所不喜矣。唯明道云："孔子言'未知生，焉知死'，盖略言之，死之事即生是也，更无别理。"是有见于业识念念生灭念念不可得，故即生时未尝不死。诚如是，则川流之逝岂足以喻道体？而存心者必当舍此业识正趣真如矣！阳明云"存得此心常现在便是学"，亦识此义。惜乎二公偶一及之，而不能究竟也。

濂溪谓"一部《法华》，祇消一箇艮卦"，伊川谓"看一部《华严》，不如看艮卦"，以艮卦称"不获其身"、"不见其人"，无我相人相也。然则艮者止也，生空观成，无我无人，则恒转如瀑流者止矣。而二公竟亦未能体此，岂知及之仁不能守之邪？亦惧其断灭尔。曰天机，曰生生，曰至诚无息，曰于穆不已，皆此恒转如瀑流者而已。

《老子》："盖闻善摄生者，陆行不遇兕虎，入军不被甲兵，兕无所投其角，虎无所措其爪，兵无所容其刃。夫何故？以其无死地。"按：无死地者，达生空也。我尚自空，兕虎兵刃触之，正如搏虚，故曰无所，非谓其不犯也。释子有身啖虎狼者，有晏处深山猛兽驯伏者，既达生空，则二涂匪异已。王辅嗣《注》："善摄生者，无以生为生，故无死地也。"《韩非·解老》以为重生者无忿争之心，无害人之心，故不设备而必无害。王《注》为胜。又云："含德之厚，比于赤子。蜂虿虺蛇不螫，猛兽不据，攫鸟不搏。"义亦若此。

子曰："人之生也直，罔之生也幸而免。"按：《庄子·庚桑楚》篇老聃说卫生之经曰："不以人物利害相撄，不相与为怪，不相与为谋，不相与为事，翛然而往，侗然而来。"此所谓直也。人之生以乐为齐，不乐，何生之有？直者内无芥，外无疑怍，无往不有其乐。虽短折饿死，其一日之恬逸，视常人役役百年者已为超过，如是乃为生也。罔者颠倒惊怖，神明自疚，瘏瘵作止，无时不扰，有生之乐已尽，虽形骸仅存，谓之幸而免矣。虽然，言生言卫生，犹是有生也，即佛家八解脱中前七，未至圣道。故老聃以为冰解冻释，尚非至人之德也。卫生之经，近溪得之，所说"夫子临终，离形超脱，乘化御天"，终是我见。

无心有二，灭尽定则无我，无想定则顽空。其有处境夷然，不为利害动其心者，此未及灭尽，亦非无想，姑以无心为言耳。佛家务舍我见，然尤恶顽空，以为宁得我见如山者，王维云"箸处是莲华，无心变杨柳"，虽宗门语，要之针砭顽空，固应如是。若伊川渡汉，中流船几覆，犹正襟安坐如常。已而及岸，同舟有老父问之，曰："心存诚敬耳！"老父曰："诚敬不若无心。"此则临难坦然，贤于诚敬之有为者。夫仁者不忧，勇者不惧，由其素养已成，故临事安闲，不动声色如此也。乃如谢安泛海，风起浪涌，神情方王，吟啸不言，而不能无折屐于战胜，则其道未至尔。

佛家本以六度四无量为至行，禅宗入而斯义微。宋儒徒见禅宗论议，故以佛家不能开物成务相斥。苟循六度四无量之本，安得有是言邪？域中圣者，伊尹圣之任，思天下之民有不与被尧舜之泽者，若己推而内之沟中，此行施度者也。伯夷圣之清，目不视恶色，耳不听恶声，立于恶人之朝，与恶人言，如以朝衣朝冠坐于涂炭，此行戒度者也。柳下惠圣之和，降志辱身，不羞污君，不卑小官，虽袒裼裸裎于我侧，尔焉能浼我哉！此行忍度者也。具言忍辱。域中贤者，子路得其四，颜渊得其六。子路愿车马衣轻裘与朋友共，敝之而无憾，此行施度也；见利思义，此行戒度也；衣敝缊袍与衣狐貉者立而不耻，此行忍度也；有闻未行，唯恐有闻，此行精进度也。禅与智，子路未具，然戈击亢胡，结缨而死，神明湛然，不知苦受，亦自然得定矣。颜渊又过之：愿无伐善，无施劳，此行施度也；非礼勿视，非礼勿听，非礼勿言，非礼勿动，此行戒度也；犯而不校，此行忍度也；吾见其进，未见其止，此行精进度也；心斋，此行禅度也；坐忘，此行智度也。六度悉具，前四又视子路为远，厌于孔子，谓之钜贤。夫一日克己而天下归仁，自非上圣，何以得此？问者曰：诚如是，佛家非不足以开物成务，顾儒家亦备焉，奚待外资于佛？曰：知之，虽不资于佛，可也。不知，而以相陵相蔑，不可也。国有大常，周公之典，不得以异域仪式相变，自行周公之典，可也。见其玉帛钟鼓之异，不悟其礼乐之同，不可也。如张方平之徒，必以大鉴、马祖过于孔子，是亦妄而已矣。佛门岂无自利者？智者利仁，孔子不摈也。菩薛种姓，知本无有生，即了生死，此仁者安仁也。声闻独觉种姓，怖畏生死，求道以了之，此智者利仁也。

子贡曰："如有博施于民而能济众，何如？可谓仁乎？"子曰："何事于仁，必也圣乎！尧舜其犹病诸！夫仁者，己欲立而立人，己欲达而达人。能近取譬，可谓仁之方也已。"皇《疏》言："己若欲自立自达，必先立达他人。"此佛家所谓自未得度，先度他人，为大乘初发愿心也。夫天地生财，亦有限量，博施济众，固无此事，况亦未可济邪？欲立立人，欲达达人，事无不就者，大鉴所谓七宝布施等恒河沙，不如无为之运、无碍之慈也。老子亦曰："夫唯道善贷且成"；曰："既以为人己愈有，既以与人己愈多。"

唯物论若穷其柢，即还归唯识论。何以言之？所以信唯物者，以不信意识之计度，而信五识之感觉也。然信者为谁？仍是意识，若充类至尽，此信心亦应除遣。唯是五识感觉，如镜照物，虽得现象，不立有无，则有现量，无比量，有依他起自性，无遍计所执自性矣，岂非达唯识之深趣者邪！然儒释皆不立此论者，以但任五识，无他修习，仍不能使意识不起。且人类相怜之念，亦与五识俱生，又不可令断者也。假令能断，不为外道无想定，即为卧轮之能断百思量。对境心不起者，虽乍见孺子入井，亦无怵惕，种性于是断灭矣，是以儒释皆不由也。

《春官·大司乐》："以乐德教国子，中和祗庸孝友。"故孔子曰："中庸之为德也，其至矣乎！民鲜久矣。"中者无过不及，庸者有常；充其义，无损减增益二执曰中，心常住曰庸：岂非至德也！子思本《大司乐》及先君子遗言以箸书，然上不契至德，下不安常训，推本天命，归于上天之载无声无臭，与先君子异撰矣，独其言慎独为可。或曰：孔子欲无言，而云"天何言哉？四时行焉，百物生焉"，岂非法天之旨？应之曰：譬况之辞，何所不可？仲尼日月也，岂诚昭回于天，县象贞明者乎？抑专以光采烛照为德者乎？《释文》称"天何言哉，鲁读天为夫，今从古。"则本有异读矣。

宋明之世，谈道者竞相诋：甲者曰，乙禅也；乙者曰，丙禅也。其实神我梵天之禅多，佛乘之禅少矣。虽有之，乍入而乍出也。或公引《方等经》，次及宗门语录，无所讳忌，瞬息之顷，复下渎于神我梵天者，盖不胜纪。禅哉，禅哉！汉儒言圣人感天而生，远西袄教言马利邪感上帝生邪苏，则是欲界天见，更无禅矣。稷、契感生之说，毛公《诗传》不信，《论衡》亦破之，后儒未尝道此。

宋明诸儒之辩，困于理气。所谓理，即道体而五常属焉。所谓气，则以知觉运动当之。理犹佛典所谓法，气犹佛典所谓生，有生已空而法未空者矣。宋儒谓理在气先，可也。现见人类有生，然后有道义，明儒谓理丽于气，即气之秩然不紊者，亦可也。虽然，气者，人之呼吸所吐内者尔，以知觉运动为气，名义已乖。黄太冲谓心亦气也。《明儒学案·魏庄渠案》噫！人心至灵而谓之气，仁人心也谓仁人气也，可乎？蹶者趋者是气也，而反动其心，谓反动其气，可乎？蹶、趋实亦非气，此古人不了义。以妄见天地万物言，唯有知，气则知之动，理则知所构也。以本无天地万物言，唯有知，所谓本觉也。孔子无知，谓离见相，非无本觉。了此者奚困于理气为！大氏诸儒所谓气者，应改称为力，义始相应。

经言二

佛家所谓外道，如顺世师辈，专为放诞而湛于嗜欲。此即西晋清谈之士，言弥高而行弥下者，斯诚与道背驰也。若婆罗门之阿德门，僧祛之神我，修习四禅八定，皆学焉而未至者，非真与道背驰也。何者？常人系我，亦系我所，数子者但系于我，不系我所，故转趣无我为易。佛典时以沙门、婆罗门并称，而马鸣、龙树皆自外道入焉。以其分立门户，故谓之外，若在世法，此辈真有凤翔千仞之概矣。

学皆阶粗以入精。无所得者，佛家所谓通达位，所谓地上圣者；有所得者，佛家所谓加行位，所谓三贤。然其序则自加行以趣通达也。无我者，佛法之极致；有我者，婆罗门、僧祛师之极致，其言神我、言阿德门是也。然佛始出家，固从僧祛师学习，以为未至，始自悟耳。大氏常人之所欣戚，多在我所。彼趣神我者，虽有我见，于我所则脱屣焉，儒者所谓我大而物小者是也。

孟子云："万物皆备于我矣。反身而诚，乐莫大焉。"此即神我之见。后代濂溪契焉。始，鹤林寺僧寿涯授濂溪四句偈曰："有物先天地，无形本寂寥，能为万象主，不逐四时雕。"此岂佛说，正僧祛神我之说也。寿涯此偈，本老子所谓"有物混成，先天地生，寂兮寥兮，独立不改，周行而不殆，可以为天下母"，但改"天下母"为"万象主"，其义即殊。言"天下母"，则是万物资始者，即阿赖邪识，从依他起自性言也。言"万象主"，则是神我，从遍计所执自性言也。濂溪得之，胸怀洒落，如光风霁月。其说颜子之乐，以为"见其大而忘其小，见其大则心泰，心泰则无不足"，见大即见神我是已。其后白沙契焉，自述："静坐久之，见吾此心之体，隐然呈露，常若有物，日用间种种应酬，随吾所欲，如马之御衔勒也。体认物理，稽诸圣训，各有头绪来历，如水之有原委也。"所谓"心体呈露常若有物"者，似若现前立少物谓是唯识性然。又云："终日乾乾，祇是收拾此理而已。此理干涉至大，无内外，无终始，无一处不到，无一息不运。会此，则天地我立，万化我出，而宇宙在我矣。得此霸柄入手，更有何事？往古来今，四方上下，都一齐穿纽，一齐收拾，随时随处，无不是者箇充塞，色色信他本来，何用尔脚劳手攘？"此正神我之说也。使孟子、濂溪、白沙得孔、颜为师，自知克己，自知无我，自知无有所立卓尔，不得，则终身不离婆罗门、僧祛师境界，然于得失宠辱死生之变，固已尘芥视之。其于四端，则如火之然，如泉之达矣，可不谓至贤乎？盖见神我者，充实之谓美，充实而有光辉之谓大也；证无我者，大而化之之谓圣也。故以为人非顿悟，则有得乃无得之门，神我则无我之渐耳。如鲁男子，可与学展禽矣。

罗达夫极静时，觉此心中虚无物，旁通无穷，如长空云气，流行无所止极，如大海鱼龙，变化无有间隔，无内外可指，无动静可分。此所见者，正为阿赖邪识矣。《密严》云："如来清静藏，世间阿赖邪，如金与指环，展转无差别。"是故由此转入，率在一念之间。昔

濂溪先生周敦颐像

陧禅师闻玄策语："二十年所得之心，遂无影响"，惜乎达夫未遇此耳。或曰：慈湖视孟、周、陈、罗四子奚若？曰：使慈湖遇孔、颜，故当不翅。

　　阳明致良知之说，以是教人，视明道、白沙皆径捷。然阳明所自得者，视二公终未逮也。为武宗左右所谗，入朝遏不使见，至上新河，见水波拍岸，愤欲赴水。又欲就御前执江彬，数其罪诛之，以死相抵。则明道、白沙必不至是。盖白沙但有我见，已忘我所，阳明则犹系于我所者邪？或曰：阳明始忤刘瑾，廷杖远窜，瑾且欲于中涂贼之，时尚未悟良知，而愤激不如是甚。及其既悟良知，为张忠、许泰、江彬所谗，谓其始结宸濠，后乃背弃，且诬以谋反，时武宗固未信，张永亦尚能为之调护也，而反愤欲赴水，欲清君侧，岂进学之后转不如前？盖功名之足以撄人如此。阳明年谱乃其弟子所定。然其《游九华》及《元日雾》两律，皆正德十五年作，一云"初心终不负灵均"，一云"欲斩蚩尤开白日，还排阊阖拜重瞳"，则赴水、清君侧二念，阳明固自道之。晚为权要引起，知止不如罗整盦，杖正不如崔子钟云。

王汝止以灶丁从阳明学，自负见龙在田，曳小车至京师，循涂讲学，为同门所骇，真古之狂者也。然其言称"学是学此乐，乐是乐此学"，终身萧然，未尝戚戚，乃似过于其师。盖由初出鱼盐，纯朴未散，世故险巇，心所不晓，故能澹然忘忧耳，未得比于明道、白沙之流也。若其得位遭谗，未识处之之道视阳明何如？

明道《识仁篇》曰："识得此理，以诚敬存之而已，不须防检，不须穷索。若心懈，则有防；心苟不懈，何防之有？理有未得，故须穷索；存久自明，安待穷索？""不须穷索"，阳明之所敢言也；"不须防检"，阳明之所不敢言也。《定性书》曰"天地之常，以其心普万物而无心；圣人之常，以其情顺万事而无情。故君子之学，莫若廓然而大公，物来而顺应"，此阳明之所敢言也。"与其非外而是内，不若内外之两忘也，两忘则澄然无事矣"，此阳明之所不敢言也。"圣人之喜，以物之当喜；圣人之怒，以物之当怒。是圣人之喜怒，不系于心而系于物也"，佛家说有依他心，无自依心，此明道所取。此阳明之所不敢言，亦所不欲言也。

慈湖云"有过而内自讼"，此阳明之所敢言也；"心本不邪焉用正？心本不放焉用求"？此阳明之所不敢言也。慈湖诚为为道，故不起意则是；王汝中专以口舌袭取，故不犯手则非。各当视其心行。

尹和靖云："心广体胖，只是自乐。"伊川曰："到此和乐字也箸不得。"盖乐有常乐，亦有贪俱乐受，常乐为佛境界，贪俱乐受为三禅境界。伊川已知之，此亦阳明之所不敢言也。《大学》人世典言，语无玄远，伊川所见，虑非其旨。若《中庸》推本天命，所谓喜怒哀乐之未发者，乃是色究竟天境界，而诸儒不悟也。

孟子言扩充四端，而阳明言致良知，其异同安在？切指则良知即是非之心，广言则上蔡、横浦之所谓觉也。白沙言静中养出端倪，乃兼指四端。恻隐、羞恶、辞让、是非四者，感而遂发，岂待静中养出？以梏之反覆，放其本心者众，若藉夜气以滋长，则不如静中养出之可恃也。顾其遣辞玄奥，后生遂不达所指。蕺山所以有闲言。白沙弟子林缉熙言："先生教人，始初必令静坐以养其善端。"言端倪，人犹未知所指，言善端，则憭如矣。

延平云"默坐澄心，体认天理"，即放佛家止观不相离说，然于行住卧起未及，故甘泉言"随处体认天理"，视延平为圆遍矣。阳明称"致良知"，亦随其动静为之。天理不外良知，其后甘泉亦自了此。由今观之，天理犹佛家言真如，良知犹佛家言本觉。高揭真如，人犹汗漫无所从入；一言本觉，则反心而具。天理与良知亦此比例，二说但了义不了义之分耳。然王、湛二公门庭已别，其后遂滋争论。蕺山本甘泉三传弟子，并承王学，遂为常惺惺说。苟循其本，三家竟无异也。

良知界限，不出阿赖邪识与意根意识。苟致良知矣，于诸利欲自可脱然。若阳明透过死生之说，得毋出良知限外。夫好生恶死，岂非良知自然邪？世之甘就死地者：盗贼抵法，没于利也；匹妇感愤而自戕，乞人受呵而立槁，激于情也；烈士奋志，舍生如遗，动于义也。假令此数子者，救疗得活，复其故常，则好生恶死之念复萌，安能透过？曰：诚于为我者，视死生如传舍，谓身死而我自若也。切于求道者，或朝闻而夕死，其视道重于生也。此二者固非一时感激所为，然前者则人我见，后者则未离法我见，悉不出阿赖邪识意根意识范围。如是，透过死生，仍在良知限内矣。若夫无我克己者，则透过死生不足道。质言之，王学透过此生，未透过生。

阳明云："知之真切笃实处即是行，行之明觉精察处即是知。"故有合一并进之说，真知即所以为行，不行不足谓之知。又云："见好色、闻恶臭属知，好好色、恶恶臭属行，见闻时已自好恶，非见闻后立心去好恶。"此即佛家意业之说也。见闻与好恶固同时，若如瑜伽五心之说，亦微有先后，要在瞬息间耳。

知行岂无异乎？闻而知之，所谓声量也；思而知之，所谓比量也；行而知之，所谓现量也。真知者唯现量，非比量、声量。

"穷理尽性以至于命"，文见《说卦》。上蔡、阳明说皆可用。上蔡云："穷理即是寻？是处有我。不能穷理人，谁识真我？何者为我，理便是我。"又云："我非我也，理也；理非理也，天也。"前说犹法我见，后说推之于天，则借以埽其法我之论尔。与苏氏解性命相类。阳明云："仁极仁，谓之穷仁之理；义极义，谓之穷义之理，则尽仁义之性矣。知不行之不可以为学，则知不行之不可以为穷理。"二说虽殊，然与前后解者悉异。按：孟子云："理义之悦我心，犹刍豢之悦我口。"若以辨析名理、究尽幽微为穷理，此但一类学者之所悦，夫岂众心之所同然。

王阳明书法

二程师生语录，辞多謇吃，此所谓为之难言之切也。刘观时请示未发之中气象，阳明曰："哑子吃苦瓜，与你说不得。你要知此苦，还须你自吃。"此即佛家"如人饮水冷暖自知"之说，所谓道可受而不可传也。近世远西哲学综以名理，故辞无矛盾；精意箸撰，故语无棘涩；道物之原，故不与泛言物质者同其繁琐。然言则不主于躬行，义则不可以亲证。夫为理化诸学者，亦非徒举其理而已，必事事可验而后敢以示人。彼哲学者竟无有也。阳明尝非宋儒格物之说，斯于诚意则不涉，于事物犹可征。言哲学者竟何征乎？庄生云："由天地之道观惠施之能，其犹一蚊一虻之劳者也，其于物也何庸！"夫不省内心，不务质行，而泛言宇宙之原，庶物之根，所谓咸其辅颊舌也。绝去名理，遂无可玩弄者，禅家所谓"胡孙失树全无技两"者矣。淫于此者不可与入尧、舜之道。

再求问于仲尼曰："未有天地，可知邪？"仲尼曰："可。古犹今也。"此所谓当下即是者，不堕边论，不涉三世者也。天地之初，物象之始，是何足论哉！君子之学，知行合一而已矣。故曰"圣有谟勋，明征定保"。徐斡亦云："事莫贵乎有验，言莫弃乎无征。言之未有益也，不言未有损也。"

鬼神之状，不可以闻见知也；圣人之道，不可背事实以说也。顷有人说摄影得某某死者状，此若有征验矣，如衣履不随人而死何！又有道士说《系辞》称棺椁送死，取之大过，学《易》可以无大过者，谓不死也，此若有典据矣，如孔子寝疾七日而殁何！

以藏识为性者，无善无恶者也；以藏识所含种子为性者，兼具善恶者也。为不善必自鹠恨，斯曰性善矣。若是者有征之论，曰：不有为善而悔者乎？应之曰：为善而悔，以有所损也；为不善，虽有所益，亦惭恨也。虽然，是亦有礼教之民然耳，未可推于天下也。

经言三

子路有闻，未之能行，唯恐有闻，此其欲行也。如痿人不忘起，久客不忘返，身虽未行，其意已行矣。闻与行并，此所谓知行合一也。食禄不避其难，不义不济其言，并立不耻温饱之陋，共财不憾车裘之敝，磊砢英多，谁与为比？且勇者多矜，气节之士多执，而子路告以有过则喜。如斯人者，真令人慕义无穷矣！明道有言："子路亦百世之师。由其道也，鄙夫可使敦，薄夫可使宽，顽夫可使廉，懦夫可使有立志。"恶佞之言，非斥子路口给。凡人不习儒学，直由涉历吏事起者，其晓练或有余，然多习为巧宦，故以是晓告之耳。孔安国解有误。

明道云："格物穷理，非是要尽穷天下之物，但于一事上穷尽，其他可以类推。"然其语甚含胡。伊川则谓日格一物，转相积累，而晦翁更张大之，甚谓一草一木皆有至理，以是求诚意，诚所谓趣断港而望江海也。然自印度鞞世师已立地、水、火、风、空、时、方、我、意九种极微，只说为庶物之缘起，而非以为趣道之门也。自阳明言致良知以正物，物即事亲治民等事，文义始明，趣入者不患其无途径。其后王汝止言："格物即物有本末，致知即知所先后。"吕仲木言："穷理只在语默作止处验之。所谓知者，即从闻见之知以通德性之知。"顾宁人言："致知即知止。如为人君止于仁，为人臣止于敬，为人子止于孝，为人父止于慈，与国人交止于信，是之谓止。知止然后谓之知至，君臣父子国人之交，以至礼仪三百、威仪三千，是之谓物。"虽与阳明时有异同，然皆切于人事，未尝泛及物理，故知阳明廓清之功伟矣。或曰：释典时论极微及四大种子，而俱舍论及小乘诸论尤多涉物理，岂非伊川、晦翁所本？答曰：印度本有地、水、火、风诸论师，及鞞世师出，更以极微为缘起。佛家小乘以色与受、想、行、识聚而为我，欲破我见，故时复论此。大乘欲破极微缘起之说，并自成其心有境无之说，亦不得不与极辨。斯乃遮拨，非建立也。此土学说，自昔直明人事，中间虽或以五行比附，无几即为人所厌弃。然则遮拨尚为多事，况建立邪！

以格物为穷至物理者，因郑注难憭，温公之说又近灰灭也。以亲民为新民者，因本《书》有"日新"、"新民"、"其命维新"诸文，牵引以就之也。自阳明以后，二义始破。然致知格物之说大明，而亲民犹未甚憭。按：亲民者，谓使民自相亲也。《书》称"百姓不亲，五品不孙。女作司徒，敬敷五教"，孟子言"三代之学，皆所以明人伦也。人伦明于上，小民亲于下"，是则古之教学，正为亲民，大义粲然，岂可妄改！变古作聪，民德其媮矣。然伊川、晦翁在当时，不闻以奇论倡众，以小道自泥也。盖其说经则然，实未劳心于此。观伊川因邵尧夫问雷从何处起，直以扇柄画地，言从是处起，是未尝穷至物理也。晦翁虽多杂论，要其求道，未尝由此趣入，若新民之说，更未见有实行者，则说经与修己治人各不相涉也。以是阳明所论，当时虽见为卓绝，不见其持世之功。自徐光启学天官、物理于利马窦，清代康熙以降，君民皆好为是学，耻其出于景教，则以朱说格物文之。逮及今兹，则谓道德礼俗皆须合于科学，庸者玩物而丧志，妄者纵欲以败度矣。清末始言变法，好奇者乃并风俗而欲变之，于是文以新民之说。降及今兹，三纲九法，无不摧破，同产至为匹耦，父子等于行路矣。然后知阳明所谓洪水猛兽者，宋明间实未至此，而今卒见之也。是岂伊川、晦翁之罪邪？《诗》《礼》发冢，有由然矣！若然，《康诰》何以言"作新民"邪？彼在殷周代嬗之世，欲使殷顽革面，顺以从周，是以云尔。岂得为恒义也！

问曰：王学末流，昌狂亦甚，如李贽之徒，盖与近时为新说者无异。《诗》《礼》发冢，岂徒新民与穷至物理二说然邪？答曰：贽之昌狂，卒以法逮捕，不食而死，是当时朝野未尝容此，岂若今之举止自便者邪！虽然，阳明论学，亦有所阙。盖专为高明者言，未及提倡礼教也。且禅宗狂者，至于诃佛骂祖，而行止未尝踰轨，则以戒律持之也。上蔡、象山、慈湖、白沙之伦，与阳明学术相似，其弟子亦未有昌狂者，盖宋世儒者多崇礼教。象山以谢希孟狎伎，则面诃之；以吕伯恭居丧讲学，则致书规之；以弟子有交足而坐者，则讽使改之，其隆礼如此之甚也。慈湖斋明俨恪，非礼不动，客至与行士相见礼，不敢以崇智而废卑礼也。明代儒者，崇礼不如宋人，白沙则有名节为藩篱之说。是以四家之学，行之或百余岁，或几二百岁，卒未闻其徒有破检者。所惜阳明未虑及此耳！孟子曰："君子反经而已矣。经正，则庶民兴；庶民兴，斯无邪慝矣。"泰州末流，昌狂者众，而亦多得奇祸。王汝止以止至善为安身，乃汉初黄老术，其徒不喻。

文王、孔子之教，使人与禽兽殊绝，是泛行之术也。圣人之于民，类也。无我克己，望道而未之见，则出于其类，拔乎其萃矣，是邅行之术也。二者中间，等弟差别，不可胜纪。故古者言仁义，晚世道良知，冀以为百行之枢。逮今世衰道微，邪说暴行，所在蜂起，然则所以拯起之者，亦何高论哉？弟使人与禽兽殊绝耳！入则孝，出则弟，谨而信，泛爱众而亲仁，行有余力，则以学文，可谓弟子矣。见利思义，见危授命，久要不忘平生之言，可谓成人矣。行己有耻，使于四方，不辱君命，可谓士矣。此三者足以敦薄俗，立懦夫，于今救世之急，未有过于是者也。恢之以子路之行，博之以十五儒，义稍广矣；语之以致良知，论稍精矣。自是而上，随其资性，上规闵、冉，下希明道、白沙，则视其人之所为也。若夫文王、孔、颜之所以超越伦萃者，迈往之士，何遽不可以至。然自两汉以来，鲜能久矣。

良知之说所以有效者，由其服习礼义已成乎心也。若施于婆罗洲杀人之域，其效少矣；施于今之太学，其效更少矣！

我慢者，缁素以为公患。然羞恶之念，实自我慢发之。非是，人亦不知自贵于禽兽。是故泛行之术，使人去矜傲，就辞让，未尝汲汲于去根本我慢也。宋世儒学，实自范希文造端，其始只患风俗媮靡，欲以气节振之。明之白沙，亦以名节为道之藩篱，其时世衰道微，未如今之甚也。当今之世而欲使人殊于禽兽，非敦尚气节，遵践名教，又何以致之！气节之敝，或使人愎谏遂过。诚如子路，人告之以有过则喜，又何愎谏遂过之有？且季心，游侠之未闻道者耳，气盖关中，而遇人恭谨，儒者可不若季心乎？

大司徒以乡三物教万民六行，曰孝、友、睦、姻、任、序。然则任侠岂异于儒哉！独其睚眦报仇为非，以儒兼侠，自无踰轨之事矣。琴张与子桑户、孟子反友，期于登天游雾，挑挑无极，相忘以生，无所终穷，而欲吊宗鲁。陶靖节纵浪大化，不喜不惧，而极咏荆轲。鲁与轲是非不足论，要之高明之士竟信其志，则慨然有慕于任侠，固其性也。学者日益媮薄，至于寡廉鲜耻，以任侠之道对治，犹厉石可以攻玉。

自胡清入主，有志者不愿立于其朝；其仕者如狎海鸥而已，安有守节效死之事，故风操日堕，而负气节者至比于疵顽。夫不施气节于胡主，是也。义利之辨，所以修己；朋友之信，行乎同类。而一切废堕，可乎！讫于新说恣行，而民如麋鹿矣。是以救敝之道，必以儒侠相附。

子以四教：文、行、忠、信。后代温公之教元城，自"不妄语"入。夫不侵然诺者，信也。帝制已移，长属亦如僚友，然然诺可负乎！

民国但有长属，不称君臣，然上下之序一也。作乱犯上可为乎！

婚姻之礼渐堕，淫泆遂多。近则有同器而浴，宣淫衢路者矣。夫食色，性也；羞恶之心，亦性也。上古先知蔽前，后知蔽后，此岂有所强而然者！

晋惠帝废杨太后，寻而弑之，董养游太学，升堂叹曰："建斯堂也，将何为乎？每览国家赦书，谋反大逆皆赦，至于杀祖父母、父母不赦者，以为王法所不容也。奈何公卿处议，文饰典礼，以至此乎！天人之理既灭，大乱作矣。"因著《无化论》以非之。是时太学尚有人也，今则贼民之兴，莠言之作，所以败人纪毁国俗者，无不自太学造端。语云"三代之学，所以明人伦"，自汉以来，未有敢异此者，而清末尽废之。涓涓不塞，固宜流为江河；欲兴教化，可无改弦而更张诸？

古之六艺，射、御、书、数为日用所汲者，礼、乐则以序人伦，和心志。教万民者犹必以六德六行先之，教国子者犹必以三德先之。今学校之教，纵不能率以德行，经其可废邪？不能遍六经，《论语》《孝经》其可废邪？下者事杂技，高者蔽万物，则不如绝学捐书之为愈也。读书而无得，叠心而愈离，则返之孝弟。罗近溪云："孔孟也是学得没奈何，然后遇此机窍。"说虽近激，亦药言也。

颜黄门广习坟典，专精六书，然云"圣人之书，所以设教。但明练经文，粗通注义，常使言行有得，亦足为人"，此博学而知屡守也。陆象山先立其大，以六经为我注脚，然云"读经须精看古注"，此高明而知柔克也。

《春秋》者，上以存国性，下以记成败。人不习史，爱国之念必薄，出而行事，犹冥行索途也。然而幸胜者，则汉奸与群贼也。

士志于道而耻恶衣恶食者，未足与议也。道亦不志而恶衣食之耻，有此者不可与游于通邑大都。不见可欲，犹免于乱心也。

学非国故，而又羡其纷华，旋返故乡，则视父母妻子如异类，甚则牛马贱之矣。凶德之首，无逾于此，非徒患其丧志已。

纯佛法不足以维风教。雷次宗、周续之皆兼儒释，故风操可观；杨亿、赵抃、赵贞吉皆兼儒释，故谋国忠而诚节箸。学佛不能破死生之见，又蔑视儒术者，则与王夷甫清谈无异。托于无执着，故守节之志倾；托于无我慢，故羞恶之心沮。王维所以降莘山也。或曰：儒不有扬雄邪？曰：黄门郎，下隶也；给事中，显要也。汉唐官制绝异。新莽，诸夏也；莘山，胡虏也。雄尚当议，而况于维！

汉儒虽博稽名物，然其学有统，则仁义忠信是也。清世为汉学者，唯最先张蒿庵、江慎修辈，犹有汉儒风节；其后说经日以精博，躬行则衰。夫汉儒堕行者，固有之矣。若郑仲师之不屈于匈奴，卢子榦之抗议于废立，所谓使于四方不辱君命、见危授命颠沛不违者，此其风节，岂中庸之材所敢拟！至师丹之骨鲠，朱云之狂简，于世亦为希有；赵邠卿于重关复壁中注《孟子》，观其《题辞》《后序》，辞无憔杀，意抗浮云，是有得于孟氏浩然之气者也。清世其有乎！

颜鲁公非以学道名者也，临难之勇、处事之正、死节之烈如此！昔人尝以问象山，象山答言："人皆有秉彝，勿视学道泰过。"余谓非独鲁公也，自汉以下，卓然以德操名世者，盖有十四人。上不必七十子之徒，下未逮闻濂洛之学，盖发乎悃愊，因心而至。或者以行不着习不察相蔑，则虽夷、惠之行，犹可间也。贤士至众，今但举十四人，谓其生遇孔子，高或扳子弓、季路，次亦与曾、宓、漆雕同比。人伦之范，斯为高选。学者毋自重其师资墙宇，而人之德性是尊，则于尚友之道几矣。

章太炎篆书陶渊明
《咏贫士》诗

　　张良子房　　汲黯长孺　　黄宪叔度　　田畴子泰
诸葛亮孔明　　管宁幼安　　王烈彦方

　　右汉七人。

　　颜含弘都　　陶潜渊明

　　右晋二人。

　　元德秀紫芝　　元结次山　　颜真卿清臣　　阳
城元宗

　　右唐四人。

　　范仲淹希文

　　右宋一人。

　　彝伦在人，何间缋素？儒者以逃父病释迦，
此则泰伯、仲雍先尝为之。抑亦印度热地，果谷
易挚，裘纩靡用，资生之具既给，殊不待子之养
也。是故梵志僧佉之伦，靡不出家习道，亦不自
释氏始。厥在禹域，风土少殊，推论出家所由，有甘旨素给者，有因
乱散亡者，有不逮事亲者，有因事迫走者，有极贫乞养者。其四者不
应诃责，其弟一则尚最少也。大乘本有居士，维摩诘、胜鬘之伦，皆
学穷圣域，中土亦有庞居士辈。若夫玄奘译经而归葬，见《慈恩法师
传》。玄识庐墓以习禅，见《张燕公集》。此皆已受具戒，申恩罔极，亦
岂佛法所禁邪？情欲之事，出家所禁，然名德如阳城，高隐如林逋，如此者众，则
不足辩也。《涅槃经》述迦叶言："我当以佛法僧常住启悟父母。"是则
仍有省觐，遂其蒸蒸也。

连语一

《诗》《书》《春秋》，非可以一日治也，《礼》《乐》繁而不可尽也。《论语》分条而说，得一言可以为善人君子。自孔壁未发，安国未传授以前，陆贾、董仲舒已多引之，虽无专师，其散布于士大夫之口久矣，秦火不能燎也。

《说苑》记孔子言："铜鞮伯华而无死，天下其有定矣。其幼也敏而好学，其壮也有勇而不屈，其老也有道而能以下人。"伯华之贤如此，而左氏多记叔向言行，伯华则少，此《卫将军文子》篇所谓"国家无道，其默足以容"者也。《仲尼弟子列传》称，七十七人"皆异能之士"，然言行可见者，《论语》只载二十八人，其外则有季次不仕，商瞿传《易》，余四十七人无闻焉。然则被褐怀玉不成乎名者多矣。

六籍，文也，非徒诵习之，必也行乎！礼义，行也，非色取之，必也忠信乎！上智之受四教，以为一也，其次逆而进者也，其次序而进者也。

冉有用矛以胜齐，有若三踊于幕廷以称国士，澹台子羽至于斩蛟矣。仲尼之门，勇者非特子路也。然而称子路者，见义必为故也。

孔子与点，非徒以浴沂一对，盖平日知之深矣。据《元和姓纂》，鄫太子巫仕鲁，去邑为曾氏，巫生阜，阜生参，字子舆。《通志·氏族略》作阜生皙，则《姓纂》文今有阙夺也。阜仕叔孙氏为家臣，而季武子之死，曾点倚其门而歌，盖始能不与三桓，自拔泥滓者，点

也。曾子傲晋、楚，称君子错之高山之上，深泽之污，聚橡栗藜藿而
食之，生耕稼以老十室之邑，亦其家庭之训则然。然颜氏而下，冉、
闵独为高材，仲弓尚为季氏宰。此则大人之量，又异于狂者矣。

两贤不相中，至于腾章弹劾者，古今多有。公伯寮愬子路于季
孙，未足怪也，景伯欲肆诸市朝，近于党矣。解之以命，则知扬汤止
沸，不如去薪也。惜乎洛、蜀、朔诸公未闻此也。

君子疾没世而名不称，谓声闻过情，生时赫然，死遂阒寂者也。
非独行义然，一蓺之微，至于文辞、书法、绘事，亦有然者。唯手臂
綦道则否，盖有所校试也。

晏子行近墨家，亦谓其过俭尔；居丧尽礼未尝如墨家短丧也。独
立不惭于影，独寝不惭于魂，则《记》所谓慎独者，晏子已先发之。

墨家本出尹佚，佚之说可施于政事者，孔子亦有取焉。《三朝
记·千乘》篇云："下无用谓无奢侈之费。则国家富，上有义则国家治，
长有礼则民不争，立有神则国家敬，兼而爱之则民无怨心，以为无命
则民不偷。昔者先王立此六者而树之德，此国家所以茂也。"此六术
中，下无用即墨之节用，上有义即墨之尚同，《尚同中》云："民始生，未
有正长之时，一人一义，十人十义，百人百义。是故选择贤良圣知辩慧之人，立以为
天子，使从事乎一同天下之义。"立有神即墨之明鬼，兼而爱之即墨之兼
爱，以为无命即墨之非命，盖施政之术不尽与修己同也。公孟子以为
无鬼神，此儒者所执。太史亦云，学者多言无鬼神。若夫短丧、非
乐，则儒者必不取之，而尹佚亦未必言是也。

墨家传自史角，其教在鲁。先墨子者，如臧哀伯之谏部鼎，盛称
清庙茅屋、大路越席之制，而文仲至居大蔡，祀爰居，终惑于新鬼

大、故鬼小之诬说。所谓清庙之守、明鬼之训，臧氏盖先得其传，妾之织蒲，亦所谓汲汲忧不足者也。《汉·地理志》云鲁"俗俭啬爱财，趣商贾"，亦臧氏之化矣。是以公仪休矫之，至拔其园葵，不与农夫红女争利。

孔子正名之术，即《荀子·正名篇》所说，领录大体而未尝琐细分辨也。《墨经》上下，虽与惠施、公孙龙以辩服人之口者异意，然不论制名之则，而专以义定名。夫散名之施于人事物理者，其义无涯。《墨经》上下约二百条，既不周遍，又无部类，是何琐碎之甚。且如云"平，同高也"，"圜，一中同长也"，"方，柱隅四讙也"，"端，体之无序而最前者也"，"驭，间虚也"，"临鉴而立，景到"，"景不徙"，"景到，在午有端，与景长"，若斯之类，今人谓与形学物理学合。然圜方觚椭句股亭锥之属为形众多，物理亦不可殚说，今但掎摭数事，孑然不周，只见其凌杂耳，于制名之枢要，盖绝未一窥也。按：《三朝记·小辨》篇："公曰：寡人欲学小辨以观于政，其可乎？子曰：不可。夫小辨破言，小言破义，小义破道。道小不通，通道必简。是故循弦以观于乐，足以辨风矣，尔雅以观于古，足以辨言矣。传言以象，反舌皆至，可谓简矣。夫奕固十棊之变，由不可既也，而况天下之言乎？"《墨经》之说，正当时所谓小辨者。墨去哀公未久，又是鲁人，盖承用其说，加以补缀耳。庄生云："骈于辩者，累瓦结绳，窜句游心于坚白异同之间，杨墨是已。"然则杨朱亦学小辨，非独墨氏也。

墨家至汉不传，然后汉、季宋诸贤行过乎俭，其道大觳，则墨亦并入于儒矣。其尊天敬鬼之义，散在黄巾道士。刘根作《墨子枕中记》，《神仙传》封衡有《墨子隐形法》一篇。孙博、刘政皆治墨术，能使身成火，没入石壁，隐三军为林木，流为幻师矣。

太史《大宛传》云：安息王以黎轩善眩人献于汉。上方数巡狩海上，于是大觳抵，出奇戏诸怪物，多聚观者。及加其眩者之工。而觳抵奇戏岁增变，甚盛益兴，自此始。然则汉初幻术传自黎轩，而中国又自能加工增变，时刘根书未出，盖术士所传者已多。

《老》《易》并称，非始魏、晋。太史谈受《易》于杨何，习道论于黄子，即《老》《易》并称之端。

"谷神不死，是谓玄牝。"按：《大戴礼记·易本命》"丘陵为牡，鸡谷为牝"，故谷神亦曰玄牝。《吕氏·审分览》云："定性于大湫，命之曰无有。"《注》："大湫，犹大窦。"即此所谓谷神玄牝也。"玄牝之门，是谓天地根。绵绵若存，用之不勤"，则业识是已。

严君平《老子指归》："身之所以为身者，以我存也；我之所以为我者，以有神也；神之所以留我者，道使然也。"中土言神我者，此为明文。然其书不见《汉志》，恐季汉学者闻婆罗门说而为此书，亦犹《列子》作于佛法初兴之世也。

商瞿受《易》于孔子，传至汉初，王同、周王孙、丁宽、服生皆著《易传》，而瞿之书未见。唯《齐策》颜斶对宣王言："《易传》不云乎：'居上位，未得其实，以喜其为名者，必以骄奢为行。据慢骄奢，则凶从之。'"此真商瞿《传》也。贾生在田何后、丁宽前，《胎教》篇引《易》"正其本而万物理，失之毫厘，差以千里"，《戴记·经解》篇亦引《易》"君子慎始，差若毫厘，缪以千里"。或谓出于

《易纬》。汉初安得有纬书，明亦古《易传》文，其后《易纬》乃袭之尔。

《列子》书汉人无引者，王、何、嵇、阮下及乐广，清谈玄义散在篇籍，亦无有引《列子》者。观张湛《序》，殆其所自造。湛谓"与佛经相参"，实则有取于佛经尔。《天瑞》篇引《鬻熊》一章，谓"损益成亏，随世《注》：世宜言生。随死，往来相接，间不可省。凡一气不顿进，一形不顿亏，亦不觉其成，亦不觉其亏，亦如人自世《释文》音生。至老，貌色智态，亡日不异，皮肤爪发，随世《释文》音生。随落，非婴孩时有停而不易也。"前此庄生有舟壑喻，有亡乎故吾语，有方生方死语；后此明道有言，"死之事即生是也"，义并同此，然不如《列子》了达明鬯，此因闻佛家如河如焰等喻而作。戴山《生死说》曰："闻道只在破除生死心，心无起灭，自无生死。"此欲排佛而反成佛义。

李习之《复性书》云："子路结缨而死，非好勇而无惧也，其心寂然不动故也。曾子之死也，曰：'吾何求焉，吾得正而毙焉，斯已矣。'此正性命之言也。子思述《中庸》四十七篇，按：此语无据。以传孟轲，孟轲曰：'我四十不动心。'遭秦焚书，《中庸》之弗焚者一篇在焉。于是此道废缺，其教授者，惟节文、章句、威仪、击剑之术相师焉。"由习之之言观之，自唐以上，儒者只习《中庸》文义；得其一端以致用者，反在击剑之士。击剑何以师《中庸》？则取其至诚之道，使心不动也。盖聂目慑荆轲，去不敢留，有以知其不讲剑术。伯昏教射，必上窥青天，下潜黄泉，挥斥八极，神气不变。今之善手臂、工按跤者，亦必调气习定，胥是旨矣。然则中庸不可能也，得其绪余，自刃犹可蹈邪？

　　孟子不欲为管、晏，然从容讽说，本于晏子者实多。雪宫之对，固纯取晏子矣；云"舍牛足以王天下"，即晏子反弱饩之对也；云"好货与百姓同之，于王何有？"即晏子称君之德及后宫台榭推而与百姓同之则汤武可为之说也。晏子本儒家，自孟子所诵习，学者置其高论可也。

　　春秋之末，孔、老皆尚俭，晏子则躬行焉。此一事适为墨家所取。然墨家明鬼重祀，而晏子以繁祭祷祝为非；墨家节葬，而晏子许逢于何、盆成适等合祔路寝，讥景公广为台榭，残人之墓，使死者离易不得合骨；墨家短丧，而晏子居丧，食鬻、居倚庐、寝苫枕草，乃事事相反。后儒欲移晏子于墨家，何其诬妄！

　　孟子称能行五者为天吏，未有不王。所谓五者，"关讥而不征"，"市廛而不征"，管子已行之。见《小匡》篇及《霸形》篇。其云"尊贤使能，俊杰在位"，则管子之用宁戚、隰朋、宾须无，与其三，选之法备矣。其云"耕者助而不税"，管子使税者百一钟，见《霸形》篇，谓百钟而税一也。尤轻于助法。其云"廛，无夫里之布"，管子未尝及，然罢士无伍，罢女无家，以此劝民勤于耕织，实视孟子之行小惠为优。综观五术，四者不出管子度中，一者又不逮，而军令尚不及焉。遂以此轻管子，盖未知其本事耳，此亦高论，置之可也。

　　问：曾西何以羞比管仲？曰：曾西弟子有吴起之徒，其趣功名泰甚，故以此抑之，是权说也。

　　荀子道儒术，所谓"以类行杂，以一行万，此皆以礼贯之而已"。又云："苟仁义之类也，虽在鸟兽之中，若别白黑，倚物怪变，所未尝闻也，所未尝见也，卒然起一方，则举统类而应之，无所儗㤲。"

前一事则仲尼识麟之类也，后一事乃似汉世论洪范五行者。荀子不信
鹈祥，疑别有指。

轻蔑儒先，犹少而敖长也。荀子称子夏氏、子游氏、子张氏之贱
儒，自其末流，固非诋及三子。王辅嗣作《易略例》，岂不视康成为
通达，乃至轻相诟厉，此学者之大戒已。诵释典，即贱宋明诸儒；诵
宋明儒书，即贱汉唐卓行士：虚而为盈，难矣哉！

子云窃名，盖已过矣。汉晋间皆尊之，至唐韩退之犹举与孟、荀
同列。唯《颜氏家训》谓"其遗言余行，孙卿、屈原之不及，安敢望
大圣之清尘。"议子云者自此始。

陈兰甫《汉儒通义》不录马融语，恶其人也。如说正名为正百事
之名，即荀子所谓"刑名从商，爵名从周，文名从礼，散名之加于万
物者，则从诸夏之成俗曲期"。视康成说为文字者则博大，视宋儒说
为正祖祢之名者则不迫切。察之则二者皆在其中矣，岂可弃诸？

《汉儒通义》以断限故，不取魏晋下人。按"无欲故静"，出伪孔
《论语注》；"欲当于理，其事则正"，出皇侃《论语疏》；"心之精神是
谓圣"，出伪《孔丛子》。后儒或得此单语，奉若蓍龟。魏晋下人有过
于汉儒者矣。若曰其立身不若汉儒也，则君子不以人废言也。《庄子·
天道》篇："圣人之静也，非曰静也善故静也，万物无足以铙心者，故静也。"孔义
本此。

观儒书者，亦当如佛家判教。《易》《论语》有无我之法，《中庸》
多天趣之见，若《孝经》与《大学》《儒行》《缁衣》《表记》《坊记》，
唯取剀切世务，不及玄旨也。李习之《复性书》云："方静之时，知
心无思者，是斋戒也；知本无有思，动静皆离，寂然不动者，是至诚

也。问曰：不思不虑之时，物格于外，情应于内，如之何而可止也？
曰：情者，性之邪也。知其邪本无；其心寂然不已，邪思自息。惟性
明照，邪也何所生？"又云："物者，万物也。格者，来至也。物至之
时，其心昭然辨焉，而不应于物者，是致知也，是知之至也。"今按：
以知照情，即佛家智慧照破烦恼之说。所谓知者，乃出世间智，非徒
如阳明所谓良知而已。然本《记》言，"诚其意者，如恶恶臭，如好
好色"，则好恶之情不泯，非以情为邪也，非不应于物也。习之所说，
过为卓远，而反似佛家小乘，故后儒不从。

胡仁仲云："学为君子者，莫大于致知。彼夫随众人耳目而知者，
君子不谓之知也。"此即阳明致良知之前驱。又云："务圣人之道者，
必先致知。及超然有所见，方力行以终之。"此与阳明知行合一之说
则异。夫"超然有所见"者，何物也？直觉此心邪？是为亲证，即行
而知矣；有感于事邪？情有所不能已，即知而行矣。于此不能一，则
所谓知者，皆比量之知，未有现量之知也。阳明所以独秀欤！

"不行不足以为知"，此切论也。"知之者不如好之者"，此泛论
也。经记所言，泛论亦多矣。阳明欲并为一谈，则成窒碍。

宋后，儒说有二事自为牺牲。既以生机为不息，而又力破轮回，
然则一死而生机遂息矣。既以天理人欲为不并立，而又力斥佛家废夫
妇之伦，然则欲亦不可绝矣。后之斥佛，言欲当于理，即可自解。前
之矛盾，直无可解也。如以生机不息归之大化，不在一人，然则造物
固有物邪？

胡仁仲直言"心无生死"，与王充《论死篇》、范缜《神灭论》绝
相反。神灭，断见也。若云游魂常在，则又常见也。心无生死将

如何？

昔儒岂无言轮回者，贾生《鵩鸟赋》详之矣。其言曰："万物变化，固无休息。斡流而迁，或推而还；形气转续，变化而嬗。沕穆无间，何可胜言！"又曰："天地为炉，造化为工；阴阳为炭，万物为铜。合散消息，安有常则？千变万化，未始有极。忽然为人，何足控揣，化为异物，又何足患！"此皆结生相续之说也。按：师古《注》："斡，转也。还，读曰旋。"转流而迁，犹行舟转柁也；或推而旋，犹推车则轮旋转也。其与所谓轮　者，非直义同，文亦若一矣。惜乎语在辞赋，而宣室鬼神之对不传，后人遂谓儒家无其说耳。或曰：苟信轮回，则宗庙祭享可绝矣。是不然。暗忽难明之状，圣人不质以制事。夫思亲者情也，何论其死后所之乎？且死后枯腊，宁有识知，而含襚不废，此皆情也。情之所结，固不以理断。高景逸谓"心如太虚，本无生死"，遗疏乃称"结愿来生"，是仍有生死，但异断见尔。

贾傅、葛侯皆以儒术杂申、韩，后人议其不醇。按：孟子言"无法家拂士者国恒亡"，未尝摈法家也。

小谨者不大立，訾食者不肥体，后汉诸贤之风过于中行矣，有愈于宋也。不学礼，无以立，南朝士大夫之风亦不振矣，终愈于清也。

江左礼教之不亡，贺太常之功也。时亦列之佐命，固不与叔孙通同日语。不然者，外邻戎羯，内恣清言，冠裳已沦于鳞介矣。孝友方正，人伦之式，其颜弘都欤？

二程失之邢恕，阳明失之霍韬、黄绾，游蝎山则誉秦桧矣。当其奖进时，数子之恶未箸，以为明哲知人之累可也。薛文清之于于忠肃也，灭凌迟处死为斩；邹南皋之于熊飞百也，勘其罪至死；戮忠勋，坏长城，丧其平生矣！

罗整菴、湛甘泉、欧阳崇一、聂文蔚皆位至六卿，而无所建白。崇一只争二王婚礼，文蔚尤为后史所贬。善人载尸，有以见世宗鳞甲之难犯也，邹谦之、吕仲木于是卓矣！

胡端敏世宁为江西副使，上书揭宸濠逆谋。方就逮时，宸濠遍遣凶人，欲贼之中道，家属亦悉被囚，视阳明遇刘瑾尤难。其后屡历内外，以危言正色闻天下。其对阳明言，则以讲学为病。按：端敏初以部曹在南京，与魏庄渠友善，以问学相切磨，固非脱然于此事者，盖与阳明志同而所学不同也。

良知，具于性者也；见义必为，成于志者也。以志达性，不论所学细大，皆卓然有以自立。杨椒山专精乐律，顾宁人博综经史，黄石斋流入图谶，其劲挺不挠，皆发乎至性，安得以行不箸、习不察议之！

吴康斋家本显宦，宁废举业就耕稼者，以其父溥议胡广之不死，而身亦苟免，将以是盖前人之愆也。晚岁就征，不终其志矣，不在举主之贤不肖也。

王学末流，至何心隐辈，令人怖畏。张居正忌焉，而无以变之，故曲谨小愿如袁黄者得以逢迎其意。所作《功过格》，附诸道流，被于下士，亦能消沮恶萌，然狂者卒不信。清世惠定宇提倡经术，乃注《太上感应篇》，修天爵以责鬼报，事固少赖。近人乃谓其劝戒之切，愈于儒书，何其惑欤！《太岳集》有《义命说》曰："狷忿之流，屑屑焉责其期效，不得则怨愤热中，欲以区区之义，上干造化之运，不亦误乎？"是居正固不信此说，特袁黄以愚百姓耳。以黄教调蒙古，可也；以《功过格》调中土狂慧之民，是犹以一篑障江河也！

顾宁人深惩王学，然南交太冲，北则尤善中孚。太冲固主王学者，中孚且称"一念万年"，其语尤奇，且谓宁人"抛却自心无尽藏"，然交好固不替也。则知宁人所恶于王学者，在其末流昌狂浮伪而已。太冲倜傥，中孚醇朴，则不论其学之异同。

蕺山谓意为主宰，此意根也。意根执我，不待于诚之，诚之则我见益坚牢矣。

明之亡，不降其志者，其王而农、刘伯绳、应嗣寅、沈朗思邪？宁人、太冲欲行其学，不能与清吏无酬酢也。磨而不磷，涅而不缁，吾于宁人尤信。

吴三桂引虏入关，毒敷诸夏，后虽抗清，不足以自赎。故王而农坚卧不与其事，以不祥辞者，薛方诡对之类也。贤者避世可也。

李中孚受清主赐额，李天生应词科，受检讨之命，非其志也。

甚矣黄太冲之褊也，以王偁、卫湜之书绝人。吕用晦佻矣，事师而欺，游侠耻之。

顾宁人谓汉晋间人一玷清议，终身不齿，此王治之所不可阙也。余谓清议云者，激浊扬清之谓；若今之群言，则激清扬浊而已。非礼法正乎上，廉耻修乎下，欲以贤不肖付诸众口，则转益为厉也。扬子云"妄誉近乡原，妄毁近乡讪"，世多乡原，清议已不可据，况多乡讪乎！

浸润之谮、肤受之愬不行焉，恶讦以为直者，恶徼以为智者，圣哲所规，其风远矣。夫事之难知，莫奸私赃贿若。近世法律，奸罪必待亲告乃受，盖惧其诬。然诬告可绝，妄谈不能绝也。官吏受赃，法所必惩。自钞币、飞钱之行，其物轻微，授受无迹，苟得者易以巧脱，而清白者亦易受诬。法廷必求有征，然流言不能绝也。近世人多嫉妒，小有憎恚，便兴谣诼，渐至流衍，迄于举国泯纷。然则窃金盗嫂之谤，亦何所不至邪？今时处世唯有一术，曰恶闻人过；化人唯有一术，曰忠信。乌虖，生民至于今，亦殆将毙矣，忠信者，其续命汤乎？

躬自薄而厚责于人，今之常态也。是以交友必相怨，处事必相疑。十室之邑，岂无忠信哉？由今人不贵是耳！

说经论道，以振民俗，在昔为有效。今乃人人不窥六籍，欲变之者，虽如戚同文之教授，犹患其高。惟效顾氏读经会耳！

戴东原之学，根柢不过二端，曰"理丽于气，性无理气之殊；理以絜情，心无理欲之界"，如是而已。其排斥宋儒以理为如有一物者，得之；乃自谓理在事物，则失之甚远也。然要其归，则主乎忠恕。故云："治己以不出于欲者为理，治人亦然。举凡民之饥寒愁怨、饮食男女、常情隐曲之感，咸视为人欲之甚轻者。用之治人，则祸其人。"又云："君子不必无饥寒愁怨、饮食男女、常情隐曲之感也。理欲之辨，使君子无完行，谗说诬辞，反得刻议君子而罪之，为祸如是也。"《老子》云："圣人无常心，以百姓心为心。常善救人，故无弃人。常善救物，故无弃物。"东原盖深知此者，亦自不觉其冥合耳。使其宰世御物，则百姓得职，人材不遗矣。阳明，子房也；东原，萧、曹也。其术相背，以用世则还相成也。罗整菴于气见理，罗近溪得力于恕，东原辨理似整菴，归趣似近溪。

杨子云曰："通天地人谓之儒。"天官之学，孔门未尝以为教。《易》之为道，广大悉备。只于泰之九三称"无平不陂，无往不复"。《象》曰："无平不陂，天地际也。"此即《周髀》之说，谓地本法天，写其一面，则如覆槃；括其两面，则如丸卵，人之所履，随处似平，其实随处陂陁隤下，如此，故能无往不复。然于日星行度，《易》所不言。《曾子天圆》称："如诚天圆而地方，则是四角之不掩也。"此乃误以地为平圆，亦自不害其为曾子。儒何必通天地也！戴东原《与是仲明书》云："诵《尧典》数行，至'乃命羲和'，不知恒星七政所以运行，则掩卷不能卒业。"若然，古人三年通一经，今必十年然后通《尧典》也。古历甚疏，孔《疏》具在，亦足讲明，何事深求乎？若必精研象纬，致之推步，谓读徐光启书可了邪？司天之术，非仪象完具，不可推测。东原束发受书，曷能有是，虽覃思十年，亦何所益？徒以素好是学，习贯成性，以是教人，则是以有涯之生随无涯之知也。九章之术，六艺一端，其以应用，则明箸方田、粟米、商功、均输四者，皆切于人事，而非远求天象，古之为学可知已。今人常识，于天官亦只明经纬。由此可知郡县广轮之数，宁必推日月之薄蚀，察五纬之赢缩，征恒星之伏见，然后为学哉！

修己治人之学，简而易知。其他则有集千年之成谳，聚百士所涉历，然后就者，必以一人尽之，是老死而不可殚也。地舆为经国者所宜知，然图书所载，亦其大略。必求山溪之通塞，寻道里之迂径，辨民俗之醇薄，方策不具，必须身谳，而身谳固非一人所能尽也。故曰："知之为知之，不知为不知。"

枚乘云："孟子持筹而算之，万不失一。"今《孟子》书言"圭田五十亩",合于《九章》方田之术,其余未闻也。孔子尝为委吏,曰"会计当而已矣"。赵邠卿云:"委吏,主委积仓庾之吏。"然则会计云者,非徒综其出入之数,如《九章·商功》所说委粟平地、委菽依垣、委米依垣内角三术,<small>皆圜锥法。</small>皆委吏所当务,要之施于实事而已。独《论语》称"觚不觚,觚哉!觚哉!"此于数理为精,盖觯器皆圆,容三升者,虽以觚名,其形亦圆,故曰"觚不觚"。以人巧造圆器,唯是多数等边,必无成真圆者,故曰"觚哉!觚哉!"言猝视似圆,其实仍是觚也。刘徽割圆之术,分析六觚至一百九十二觚,以为觚之细者与圆合体,祖冲之更开盈胸二限。至近代汤若望,析六觚为五百余亿等边,圆之外切内容各如其数,是虽离娄之明,不能辨其为觚为圆。究之外切内容不可混合,只是欑积众觚,非真圆也。<small>太史《酷吏传》云"破觚而为圆",此既引以为喻,必有其事。是知割圆之术,亦不始自刘徽,但徽详箸其数耳。《周髀算经》云:"圆出于方",则即元人赵友钦四边起算之术。《周髀》又在太史前矣!</small>是虽《九章》所未道,要亦以句股求之。孔子多艺,九数自其所习。虽然,亦言其理则然,苟以布算分形,不过如刘徽而止;必非疲精劳神,从事数年,以求圆周之率,如汤若望所为也。<small>圆之外切内容必无混合之理,汤若望所割者,未尝不可再割,欲求其尽,虽寿敝天地亦所不能,是以智者不为也。</small>

问曰:"天道福善而祸淫",何谓也?答曰:非世所谓善恶也。完缮之谓善,荡泆之谓淫。强本节用则必饱,惰游多费则必饥,自然之理也。"积善之家,必有余庆;积不善之家,必有余殃",何谓也?答曰:世济其美,则父慈、子孝、兄友、弟恭矣,此所谓余庆。世济其恶,则子有弑父者矣,此所谓余殃。观下语自知。问曰:诸言命者何谓也?答曰:节遇之谓命,理有必然而所遇适异,此所谓命也。仲尼曰："死生、存亡、穷达、贫富、贤与不肖、毁誉、饥渴、寒暑，是事之变，命之行也。"日夜相代乎前，而知不能规乎其始者也。劭农而遇水旱，惰游而得遗金，此岂其始所豫规也？问曰：《易》以吉凶悔吝导人，观其卦爻，君子亦多凶矣。以此设教，何以使人勉善也？答曰：真知《易》者不忧，仲尼称事之变命之行不足以滑和，不可入于灵府，使之和豫，通而不失于兑。夫然，则凶与悔吝乌足以撼其吉也。吉乃在己，傥来之祸福何与焉！盖《易》之设教，在使人无大过，君子独立不惧，遁世无闷，则可以无大过矣。非徒以吉凶悔吝教也。惠定宇研精《周易》，而不能无摇于道士感应之说；彭允初说《易》，亦信美矣，而更惑于《化书》飞鸢。苟非其人，道不虚行，信夫！

《荀子·解蔽篇》："凡以知人之性也，可以知物之理也。以可以知人之性，求可以知物之理，而无所疑止之，则没世穷年不能遍也。其所以贯理焉，虽亿万已不足以浃万物之变，与愚者若一，学，老身长子而与愚者若一，犹不知错，夫是之谓妄人。故学也者，固学止之也。恶乎止之？曰：止诸至足。曷谓至足？曰：圣也。圣也者，尽伦者也；王也者，尽制者也；两尽者足以为天下极矣。"此《大学》知止古义。止诸至足，即止于至善也。依其说，求知物理，当有疑止，是则"致知"当读"致仕"之"致"，"格物"当读"废格诏令"之"格"。《平准书》"废格"，《索隐》音阁。按：《尔雅》《说文》皆云"所以止扉谓之阁"，相承用格字。致知非一切杜黜聪明，只在废格物理，故云"致知在格物"。心枝则无知，倾则不精，贰则疑惑，故致知乃所以为知至。神不累于岐想，志不丧于玩物，如是，好恶自诚，故云"知至而后意诚。"此义与温公似同实异：但言疑止，不言扦拒；但疑止物理，不荡灭物欲。其于晦翁、东原寻求物理之病若先见之者，即此可解其惑。

《荀子·天论篇》："修道而不贰，则天不能祸；倍道而妄行，则天不能使之吉。"唯圣人为不求知天，足解定宇、允初信神应之惑。佛家善恶招果之说，谓业力所牵，非有天神为施赏罚。允初殊不憭是。

《洪范》："惟天阴骘下民。"马云："阴，覆也；骘，升也。"《吕氏·君守》篇引此说之云："阴之者，所以发之也"，实亦与马同义。此谓天之生民，如造酱然，上施窨覆，下即蒸发，故庄生云："生者，喑醷物也。"自道士用阴骘为神应之义，民滋惑矣。"天地氤氲，万物化醇"，以酿酒喻。

经籍言天，除苍苍者以外，或为自然，或为万物之都称。不然，则辞穷而托之尔。不然，则形容之辞尔。《皋陶谟》："天聪明，自我民聪明；天明畏，自我民明畏。"《孟子》引《书》："天视自我民视，天听自我民听。"自者，从也。万姓之心，无所表彰，姑假言天以为徽识。《诗传》曰："审谛如帝，古之事上帝，所以表万民审谛之心而已矣。"虽然，商人尚鬼，武乙、王偃至于射天，以信之至甚；不效，故成怨望。自非愚于天者，亦何至射天乎？愚者信天，自商人尚鬼来也。学者信天，自《中庸》执着天命来也。

问曰：鬼神体物而不可遗，有诸？曰：吾闻诸夫子，"敬鬼神而远之"。诚体物不可遗者，虽欲远之，何由远？若可远也，何不可遗之有？曰："获罪于天，无所祷也"，何谓也？曰：天以喻君也。《集解》孔义。曰：知禘之说，于天下如示诸掌，何谓也？曰：清庙之守，天志之说，足以爱利天下矣。孔子不知也。曰：禹菲饮食而致孝乎鬼

章太炎撰文《重建绍兴大禹陵庙碑》拓片（局部）

神，孔子无间然，何谓也？曰：言孝则指其亲也。禹修鲧功以践王位，而鲧则殛死矣，其思亲过于人也。非是，则倍死而贪万乘也。且夫鲧堙洪水，禹之能足以救之，卒不能匡谏，后更因之以成大功，虽杀身不足酬其父，故非徒孝享也。又菲饮食，糲食无菜果盐酪，终身之丧也。郤缺、嵇绍，孔子其能无间然乎？

区言一

恻隐羞恶，生而具者也，以为性善可也。辞让必非生而具者，观夫儿童岐嶷，分果必务多，得物必相竞，虽让之父兄，情有不厌；蛮貊之人，家自为社，交相陵暴，夺掠禽鱼，争取畜产，以为固然，此其事之有谳者矣。荀子论性恶，不言恻隐羞恶为人所本无，但云"顺情性则不辞让，辞让则悖于情性"，虽令孟子与之对论，无以屈也，其云"礼义生于圣人之伪"，则不然。圣人之性，宁独异人？人皆无辞让，而圣人独有辞让乎？《易·序卦》云："屯者，物之始生也，物生必蒙。蒙者，物之稚也，物稚不可不养也。需者，饮食之道也，饮食必有讼。讼必有众起，众必有所比，比必有所畜，物畜然后有礼。"此真能明辞让所始者。太古无化之民，因给养而生争竞；争竞愈广，众比愈盛，又必储财以备久斗。斯时外扞强敌，期于勠力相赴，若夫内争货财，宁有济理？由是自相约束，始行辞让。故始之以饮食必有讼，终之以物畜然后有礼，见让由争成，可谓本隐之显之论矣。孟喜说《易》曰："阴阳养万物，必讼而成之；君臣养万民，亦讼而成之。"程迥《古占法》引僧一行所述。成者，成此礼也。辞让既成，习贯若性，恻隐羞恶复旁济之，安行谓之圣人，利行、勉行谓之君子。

韩非《五蠹》云："古者丈夫不耕，草木之实足食也；妇人不织，禽兽之皮足衣也。不事力而养足，人民少而财有余，故民不争。今人有五子不为多，子又有五子，大父未死而有二十五孙。是以人民众而货财寡，事力劳而供养薄，故民争。古之易财，非仁也，财多也。今之争夺，非鄙也，财寡也。"此说虽若成义，不悟木实兽皮苟无定分，虽至足亦自相争。其渐至不敢争者，怨家敌国迫于肘腋故也。且尧舜之际，艰食鲜食，犹有阙乏，稷教播种，禹益懋迁，仅乃得济，安得人民少财有余邪？汉至文景之末，家给人足，都鄙廪庾尽满，众庶街巷有马，由是人人先行义绌耻辱，始可谓财多而不争矣。此事又在韩非身后，礼法既行，制有定分，故人民各治其生尔。若如太古无法之世，夺攘足以自活，安肯尽力田畜，虽欲人给家足，岂可得也！

总政纲，司黜陟，专生杀，则谓之君，谓之帝王。今之大总统不兼大元帅者，犹与君稍异；兼大元帅，则宛然无以辨矣。以其出自民选，天下为公，故谓与君主有殊尔。

《周官》有外朝询万民之法。春秋时晋惠公失国，卫灵公欲叛晋，皆尝举其事，即今所谓国民大会也。小国寡民，事则可尔。汉之议盐铁，实召贤良文学议之，此无异今之代议士。但出于郡国选举，不出民选，其来稍异，此大国所宜也。虽然，霍光秉政，最为专擅，犹知与俊民集议。晚世武人恣横，虽以此制之，身无一剑之任，则必为所侮矣。非改募兵为征兵，而又遍置团练，民权殆无以伸也。

礼法之属，品目扶疏，必有其维纲焉。古之法纲，散在《周官》《礼经》，其间本枝错杂，细大相糅；次则传记有引古之制者，唯及单文，更难见其邻类矣。然则撮举法纲集成宪法者，三代未之有也。《秋官·布宪》与《管子·立政》篇所说，皆在正月之吉，此则每岁有异，只于当时切用，非立法之大纲也。唯《魏策》安陵君曰："吾先君成侯受诏襄王以守此地，手受太府之宪。宪之上篇曰：'子弑父，臣弑君，有常不赦。国虽大赦，降城亡子不得与焉。'"是乃传之数世，箸为典常，正是今之宪法。知非刑律者，魏李悝作《法经》六篇，此云"宪之上篇"，上下相对，只二篇，与《法经》繁简不同，故知非刑律也。盖七国时始有之，惜其全书不可睹耳。自汉以后，又散之官制律令中，而宪法无特箸者矣。虽然，苟无忠信诚悫以先之，虽有宪法，抑末也。

　　西伯受命称王，见太史《周本纪》，唐梁肃据《论语》服事之文以非之。夫群言淆乱，折中于圣，如《鲁诗》《书大传》《小戴记》诸文，出周、汉间儒者，文各驳异，今置不论。《论语》真孔子书，《三朝记》亦真孔子书也。《三朝记·少间》篇曰："纣不率先王之明德，粒食之民忽然几亡，乃有周昌霸诸侯以佐之。纣不说诸侯之听于周昌，则嫌于死，乃退伐崇、许、魏以客事天子，文王卒受天命，作物配天制典。"其云"霸诸侯以佐之"者，即三分天下有其二以服事殷也；其云"嫌于死"者即　里之囚也；其云"卒受天命，作物配天制典"者，即受命称王也。诸经言文王受命者，《书》称"文王受命惟中身"，此谓嗣位为君；《大雅》称"文王受命，有此武功，既伐于崇，作邑于丰"，此即《三朝记》所谓受天命。或说为受殷命为西伯，寻文王未囚羑里时已霸诸侯，则为西伯久矣，岂待伐崇时邪？此则服事在前，称王在后，不得举一以疑一矣。《逸周书》亦当时实录，其《程典》篇曰："维三月，既生魄，文王合六州之侯，奉勤于商。商王用宗谗，宗即崇字，谓崇侯也。震怒无疆。诸侯不娱，逆诸文王。文王弗忍，乃作程典，以命三忠。"是始而服事，因以被囚，既出羑里而诸侯劝进，文王犹未忍称王。其《酆保》篇则曰："维二十三祀，二十三字有误。庚子朔，九州之侯咸格于周，王在酆，乃命三公九卿及百姓之人。"此乃在伐崇后，九州和会，又过于前之六州，既命三公九卿，则称王可知也。原诸侯所以归文王者，以纣为无道，欲藉文王之宠灵以护己耳。既囚羑里，文王尚不自保，安能护人？出囚以后，六州劝进，势在必然，文王始犹弗忍。及九州咸格，终遂称王者，以非是则诸侯无所系，将参伍合从以抗纣而自固，不至天下瓦裂不止也。且王者，往也，朝觐者往焉，讼狱者往焉，则可以践天子位矣。九州咸格，朝觐者往也；虞芮质成，讼狱者往也。既有其实，而何为阳谢其名乎？借观孟子之在衰周，力言王齐，齐苟王矣，置周何地？此与文王称王事例正同。如李泰伯之伦直诋孟子，是即不论。后之儒者不非孟子王齐，而疑文王称王，何其自为矛盾欤！

《逸周书·世俘》篇，校其月日，与《汉志》所引《武成》相会，间有误字；其言狩事，亦与《书序》"往伐归兽"，《周本纪》读兽为狩者同，是即《武成》篇也。其云："武王遂征四方，凡憝国九十有九国，馘曆亿有十万七千七百七十有九，俘人三亿万有二百三十，凡服国六百五十有二。"曆即历，《释诂》训数。馘数之多，孟子固以为疑。然若以万万为亿，其时人口未能满此，恐史官不应夸诞若是。亿有十万，十盖七或乄之误，当以十万为亿释之，则馘数十七万七千有余，俘人三十一万有余。夫征服之国至六百五十有二，平均分之，则每国被馘者止二百七十余人，被俘者四百八十人不足，合计则多，分计未为多也。下言"武王俘商旧玉亿有百万"，百亦一字之误，谓十一万也。古者采玉有蓝田、荆山，非远取西域者，故其数至是。

庄生云："众雌而无雄，而又奚卵焉，自古未有不诚而能定功者。"荀卿称"粹而王，驳而伯"，此定论也。以五伯为假之者，只论齐桓一身，未知管仲之诚也。大氐人君材高，则名实皆系其君，文武是矣；人君材劣，则名系乎君，实系乎臣，周公辅成王、管仲相桓公是矣。责包茅，拜赐胙，拒子华，寝封禅，皆管仲之力，故曰一则仲父，再则仲父，明管仲为雄而齐桓其雌也。若夫戎狄豺狼，陵轹诸夏，含识者谁不扼腕？虽秦皇之筑长城以扞匈奴，亦曾非伪也。桓之伐山戎，斩孤竹，存邢救卫，西攘白狄，事定以还，己无所利焉，安得以为假之？若曰此恃力也，非恃仁义也，文王之御豜狁，喙昆夷，以兵力定之邪？抑传檄而走之邪？若曰以让饰争也，文王三分天下有其二以服事殷，卒乃戗黎，兵加于王之圻内，何不曰以让饰争邪？儒者喜诛意，必云"无所为而为，然后为诚"，此为修己言之则然尔，一涉王伯之事，彼以仁义求王天下者，仁义亦伪矣。斯作法自毙也。

《荀子·王伯篇》称："义立而王，信立而伯，权谋立而亡。"其说曰："德虽未至也，义虽未济也，然而天下之理略奏矣，刑赏已诺信乎天下矣，臣下晓然皆知其可要也。政令已陈，虽睹利败，不欺其民；约结已定，虽睹利败，不欺其与；如是，则兵劲城固，敌国畏之；国一綦明，与国信之；虽在僻陋之国，威动天下，五伯是也。非本政教也，非致隆高也，非綦文理也，非服人之心也，乡方略，审劳佚，谨畜积，修战备，齺然上下相信，而天下莫之敢当。故齐桓、晋文、楚庄、吴阖闾、越句践，是皆僻陋之国也，威动天下，彊殆中国，无他故焉，略信也，是所谓信立而伯也。"然于《仲尼篇》则曰："颠倒其敌，诈心以胜矣。"信诈不并立，今云然者，于民及与国则信之，于敌则诈之尔。不悟桓、文正谲已有不同。诈敌之事，晋文有之，齐桓犹未也。若夫齐桓有士乡之教，晋文有执秩之法，楚庄择楚国之令典，百官象物而动，军政不戒而备，谓非本政教可乎？此又可以议吴、越，未可以议齐、晋、楚也。大氐五伯本有优劣，而儒者必合之于一剂，所以语多自破已。

齐桓岁德在躬，犹唐之太宗也。不以齐桓累管仲，犹不以太宗累魏徵也。

孟子、荀卿时，中国无房患；董生时，匈奴虽数扰边，未足以为大虞也。故忘齐桓扞卫诸夏之忠，而专以余事责其诈力。虽然，一盛一衰，可永恃乎！

荀子称管仲不可以为天子大夫。盖管仲但法昭王、穆王，使其辅周，不能致成周之盛也。是以孔子谓之小器。若云不能辅桓致王，则周鼎固未可问也。

《管子·心术下》篇云："金心在中，不可匿，外见于形容，可知于颜色。善气迎人，亲如弟兄；恶气迎人，害于戈兵。不言之言，察于雷鼓。金心之形，明于日月，察于父母。"其言如此，而肯伪饰仁义乎？

武侯自比，不过管、乐。姚崇问己何如管、晏，识者犹不许。此岂易及者哉！庞士元为先主规取刘璋，及战胜置酒，欢情顿戢，以背信取人，神明有疚故也。管仲拒子华，而士元延法正，能无愧乎？王文成之破宸濠，谲胜之也；徐文贞之除严嵩，术取之也。王尚讥伯者，徐则无辞矣。

梅福上书成帝曰："今不循伯者之道，乃欲以三代选举之法取当世之士，犹察伯乐之图求骐骥于市，而不可得也亦已明矣。一色成体谓之醇，白黑杂合谓之驳。欲以承平之法治暴秦之绪，犹以乡饮酒之礼理军市也。"此论王伯醇驳，亦同荀子。乃所谓伯者之道者，则延致俊杰，无问资序而已，此亦非诚伪之所系也。

《管子·心术下》云："能专乎？能一乎？能毋卜筮而知凶吉乎？能止乎？能已乎？能毋问于人而自得之于己乎？"《庄子·庚桑楚》篇载老子告南荣趎，正用此语，独改"能专"为"能勿失"耳。以义求之，失当读佚，勿佚则专之谓也。管子之为道家，兹其显然者矣。

存乎人者，孰无仁义之心？项王为暴矣，人有病疾，涕泣分食饮，其赤心也。汉宣为契矣，不背许氏，求微时故剑以示旨，其赤心也。魏武为诈矣，祭桥公，赎蔡琰，其赤心也。此岂有所要誉而然者！

《伊尹》书列在道家，当时以为权谋之祖。故孟子解之曰："非其义也，非其道也，一介不以与人，一介不以取诸人。"非道义而与人，正指行赂耳。散宜生取美女、骄马、白狐、骐虞、大贝以赂纣，伊尹不为也。虽然，伊、吕等夷也。四友献宝，太公实为谋主。孟子不举太公之行，盖亦有以。太公阴谋，为后人增加，观四友献宝而纣遽卖崇侯，其浅如此，对之易尔，安用阴谋！

江都易王以泄庸、种、蠡为三仁，仲舒引"伐国不问仁人"以折之，谓"越本无一仁"。若以易王奉藩下国，宜敬事天子，共承朝命，不应追慕句践，可也。然曰五伯苟为诈而已，不足称于大君子之门，其比三王，犹武夫之与美玉也，是其意不在讽戒易王。他且勿论，如范蠡事，国破主危，而不图报，则将焉用彼相矣！蠡之言固曰："为人臣者，君忧臣劳，君辱臣死。昔者君王辱于会稽，臣所以不死者，为此事也。"观仲舒《繁露》所言，盖燕齐怪迂之士之绪论，不足经国，而又附会《春秋》以决疑狱，析言破律，则李悝、商鞅所不为。使其在越，非如苌弘之辅周，则为刘隗、刀协之辅晋耳。以比范蠡，又如瓦砾之与武夫也。独范蠡去位，三致千金；仲舒去位，不治产业，此一事仲舒为愈。荀子称"仲尼之门人，五尺之竖，羞称五伯"，仲舒亦称之。冉子为季氏聚敛，视管仲何如邪？

齐威王尝朝周，故宣王欲以桓、文自处。孟子不对，而言"无已，则王"者，固由不悉桓、文事状，亦因宣王无可为桓、文之理。

盖时周方致伯于秦孝公，又致文武胙于其嗣惠王。齐之伯，欲受锡命于周邪，则秦实阻之；欲自为伯邪，等之不尊周室，则不如王也。此乃审时度势之言。鲁肃对孙权云"将军何由得为桓、文，唯有鼎足江东，以观天下之衅，然后建号帝王"，意正相似，特为贵王贱霸之说所掩耳。

创业之事，箸乎《易传》，岂须多言。一曰："天之所助者顺也，人之所助者信也。"再曰："君子安其身而后动，易其心而后语，定其交而后求。君子修此三者，故全也。危以动，则民不与也；惧以语，则民不应也；无交而求，则民不与也。莫之与，则伤之者至矣。"三曰："革而当，其悔乃亡。"然则涉险被创者，岂安其身而后动哉，胜算定也。

财散则民聚，故君子怀德，小人斯怀土矣。法行则知恩，故君子怀刑，小人斯怀惠矣。李充之解近之。

汉王数项羽曰："皆王诸将善地，而徙逐故主，令臣下争畔逆，罪七也。出逐义帝彭城，罪八也。使人阴杀义帝江南，罪九也。"此虽权以拒羽，羽实无辞。第七罪尤易使人觊觎，使项氏有天下，上下亦不相维制矣。

自三代以来，唯汉不为异族所困。虽白登暂扼，马邑失利，终能臣呼韩，斩郅支，驱匈奴于秦海。原其规始，实自齐桓。自北伐山戎以讫三国之末，九百年间为中国全盛之世，唐以下则时盛时衰。故曰"微管仲，吾其被发左衽矣"。

孔子曰："君子之于天下也，无适也，无莫也，义之与比。"按

《诗传》：适，主也；莫，谋也。《卫风·伯兮》《小雅·巧言》传。君子治天下，不建己，故无主；不用智，故无谋，动静不离于理而已。其后慎到闻其说，曹参施诸用。参不治事，与醉吏歌呼，是无主；来者欲有所言，饮以醇酒，莫得开说，是无谋；法令明具，遵而无失，是义之与比。是时参礼下贤人，蒯通亦往焉，而无所措其利口也。大乱初夷，赖是民得宁壹，豪杰焉得而笑之？

贾生对于宣室，既罢，文帝曰："吾久不见贾生，自以为过之，今不及也。"然亦不加委任者，不及之端，在乎鬼神，不在政事也。魏文以为文帝大人之量，非贾生所及，是又抑扬太过。帝之躬行玄默，生弗如也；生之洞达治体，帝亦弗如也。孟坚云"谊之所陈略施行矣"，然其辅翼太子之术，竟亦寂然。孝景天资刻深，夷戮三公，斩艾子姓，有如草芥。生之上书曰："秦使赵高傅胡亥而教之狱，所习者非斩劓人，则夷人之三族也。故胡亥今日即位而明日射人。"使汉文早听其言，移以傅太子，则晁错不诛，临江王不死矣。

汉人多怪屈原不去楚。宋吕与叔说以同姓之臣，近代多宗之。按屈氏虽楚公族，据《春秋传》，桓十一年屈瑕已为莫敖，至赧王十六年楚怀入秦，相距四百岁，原之于楚公室亦甚疏矣。本有可去之道，徒以初见信任，不忍决绝，非为同姓也。三仁于纣皆至亲，而去留尚异，此亦各行其志而已。

或谓景帝殁后，得河间献王为帝，董仲舒为丞相，汲黯为御史大夫，汉治必盛。余谓献王尚未可知，黯与仲舒则正相水火者也。黯学黄老言，治官民好清静。张汤更定律令，黯责之曰："何空取高皇帝约束纷更之为？"仲舒则言："琴瑟不调，甚者，必解而更张之，乃可鼓也。为政而不行，甚者，必变而更化之，乃可理也。当更化而不更化，虽有大贤，不能善治也。"其为术相反如此。所作《春秋决狱》二百二十三事，皆以对张汤之问者，此岂复与黯相容邪？武帝陋文景之恭俭，而仲舒教以更化；张汤以诛意为法，而仲舒教以？狱。其与汲黯，贤不肖之相去远矣！

东方朔谏起上林，请诛董偃，欲推甲乙之帐燔之于四通之衢，却走马示不复用，追迹孝文，以道德为丽，仁义为准，其直言切谏，盖亦汲黯之亚。然又陈农战强国之计，其言专商鞅、韩非之语，岂前后相背邪？是不然。商、韩所持，要在务本，与武帝好为奢侈者绝异。立法贵专，不在深文小苛，亦与张汤、赵禹更定律令大异也。

以诸生起为帝王者，自光武始。拨乱致理，备乎一身，其方略或不逮高帝；仁明雅亮，高帝亦弗如也。以莽自三公篡汉，于是虚任公府，责归台阁，则所谓惩羹而吹齑也。其后明祖废中书省亦然。

子陵所以去光武者，非以求名高。其致侯霸书曰："怀仁辅义天下悦，阿谀顺旨要领绝。"盖以光武精勤吏事，三公将顺之不暇也。德如子陵，不为傅说，亦当为孙叔敖之伦；若徒以高位尸禄，夫岂其志哉！卓茂，未及子陵者也，故就太傅之位而不辞。虽然，东汉风流，本乎名节。巢、许为唐尧之外臣，子陵亦光武之对物矣。子陵于更始时，尝应会稽都尉任延之聘，延待以师友之礼，见《延传》。及光武即位，乃变名姓，隐身不见。延岂能过光武，一就一去，有由然也。

汉初法律，丧服本无定制，故晁错父自经死，犹衣朝衣。及窦婴为丞相，田蚡为太尉，始以礼为服制。杨子云《解嘲》云"旷以岁月，结以倚庐"，应劭引汉律"不为亲行三年服，不得选举"，盖窦、田后始有此律尔。然据《哀帝纪》，诏"博士弟子，父母死，予宁三年"，则前此尚未得予宁也。陈汤为太官献食丞，父死不奔丧，为司隶举劾下狱，则奔丧有定制而终丧无定制。其公卿大臣，当时即不得终丧，故翟方进母死既葬，三十六日，除服起视事，自谓不敢逾国家制。诸侯王行三年丧者，时亦鲜有，唯河间王良丧太后三年，哀帝至褒为宗室仪表，益封万户。然则汉律只以约束庶士，不以约束在位者也。后汉安帝以后，于大臣、刺史、二千石行三年丧，屡开屡断。唯士大夫多行丧服，盖亦依据《士礼》，非依窦、田之制。

曾巩称：唐太宗引《中论·复三年丧》篇，今阙。按《群书治要》有之，凡四百三十五字。其云"显宗圣德钦明，深照孝文一时之制，是以世祖祖崩，则斩衰三年"，与《续志》注引谢承《书》蔡邕言"明帝圣孝之心，亲服三年"合。今范氏《后汉书》不见其事，光武以中元二年二月戊戌崩，明帝以永平二年正月辛未宗祀光武皇帝于明堂，帝及公卿列侯始服冠冕衣裳玉佩绚屦以行事，时尚未大祥也。汉碑或云五五，或云祥除，知当时丧制断以二十五月。然从中元二年二月至此永平二年正月，首尾裁二十四月，丧服未终，岂史书日月有误乎？不然，迟之一月而举宗祀亦未晚也。若云明堂上帝之祭不以丧废，则事毕仍返丧服矣。

光武称赤眉有三善，攻破城邑，周遍天下，本故妻妇，无所改易，是其一也。今之新得志者，又赤眉之不若也。

杜林、孟冀客河西，逢贼数千人，拔刃欲杀之，冀仰曰："赤眉残贼不道，卒至破败。今将军不行仁恩，而反遵覆车，不畏天乎？"贼遂释之。郑康成还高密，道遇黄巾贼数万人，见玄皆拜，相约不敢入县境。姜肱与弟季江谒郡，道遇盗欲杀之，肱兄弟更相争死，贼遂两释焉，但掠夺衣资而已。至郡终不言盗，盗闻而感悔，后乃就精庐求见征君，叩头谢罪，还所略物。此三事者，固由诸公言行足以动人，亦以当时民俗醇厚，感慕名德使然也。唐李涉裁一诗人，皖口遇盗，但求一篇，不敢取金帛。余昔以事至巴，时萑苻遍地，有弟子自万县陆行千里来省。问："不遇盗邪？"答言："此间群盗不犯教授及方外。"是则晚世尚有然者。盗亦有道，庄生以病圣人，然非礼义未绝，何以得此！是以颜涿聚戴渊之徒回面事师，卒为烈士也。

后汉贤士，多在逸民，其次独行。若夫党锢之秀，独有范滂，至李膺已近标榜矣，张俭辈不足道也。

申屠刚、郅恽抗议于王莽之朝，卒亦无恙；子云汲于苟免，乃致投阁。故曰："不知命，无以为君子也。"

汉季阉宦乱政，人所深嫉。曹腾虽无过，人恶其类自若也。魏武自知非严穴之士，为人所轻，故务为名行以雪之，诸名士遂折节与交，此其难能者。然则洛京不乱，彼亦以征西将军终矣。

荀彧策袁绍曰："绍布衣之雄，能合其众而不能用也。"乌乎！岂独绍也。

汉魏废兴之际，陈群所为，未若华歆之甚也。及魏受禅，群与歆皆有戚容。时人议群者，犹曰"公惭卿，卿惭长"。独于歆，魏晋间皆颂美不容口，曹植亦不慊于其兄之夺汉者，然所作《辅臣论》称歆"清素寡欲，聪敏特达，志存太虚，安心玄妙，处平则以和养德，遭变则以义断事"，然则歆之矫伪干誉，有非恒人所能测者矣。南唐宋齐丘效之，不能工也。歆之得誉，亦缘峤之《谱叙》，范书载歆勒兵收伏后事，本诸吴人所作《曹瞒传》，若峤所作《后汉书》，必不载也。

《萃·上六·象》曰："齑咨涕洟，未安上也。"荀慈明说之曰："此本否卦上九，阳爻见灭迁移，以喻夏桀殷纣，以上六阴爻代之。若夏之后封东娄公于杞，殷之后封微子于宋，去其骨肉，臣服异姓，受人封土，未安居位，故曰齑咨涕洟，未安上也。"余谓绍封而安上者，独汉时殷绍嘉、周承休而已，自山阳公以下，皆涕洟者也。会稽、怀安，欲涕洟，不可得已。

汉王与陈平黄金四万斤，令间楚君臣。至魏武，则纯以智谋胜人，无行金之事，岂其守正过于汉王邪？秦末士多污行，故可贿；汉末士尚廉节，故不可贿尔。

荀彧阻九锡事，议者纷如，唯《宋景文笔记》谓："彧之于操，本许以天下，及议者欲加九锡，彧未之许。非不之许，欲出诸己耳。"斯论似得其真，然温公不取者，以彧虽事非其主，器宇本度越常人，不应以议出董昭，遂尔悻悻也。若后世类此者，则往往不出景文度中。

严君平、管幼安，非独新与魏所不得臣也，汉之昏主亦不得而臣也。

蜀先主少从卢子斡学，然所任儒者甚少。吴之张、顾皆醇儒，陆逊黜先刑后礼之论，亦儒家也。

《华阳国志》称：诸葛亮定南中，收其俊杰，以孟获为御史中丞。中丞威慑百僚，乃以夷叟为之者，以其无族姻、远朋党也。尧不能去四凶，必待妫汭之鲧，犹是也。

孙仲谋之拒曹氏也，谋成于周、鲁，而张昭不与。晋明帝之讨王敦，成帝之破苏峻也，谋成于郗、温，王导乃因人之功耳。然魏武与仲谋书，以子布与刘备并论，欲令取之以效赤心。温峤、桓彝始至江东，并以导比夷吾，元功钜德，若无有先焉者，则以其能礼贤附民为国树本故也。仲谋乃云"从张公计，今已乞食"，可谓以一眚弃大德矣。导于周、戴之死，岂无瑕疵？若庾亮之诋导，则出于忮忌尔。

陆机兄弟，吴之世臣而仕于晋，世病机诗平缓，无故国之思。然观其《赴洛》诗，首称"希世无高符，营道无烈心"，末称"惜无怀归志，辛苦谁为心"；《猛虎行》首称"渴不饮盗泉水，热不息恶木阴"，末称"眷我耿介怀，俯仰愧古今"，此亦疚心之语矣。云作《九愍》，《悲郢》一首，辞尤痛切；《盛德颂》称"粪土臣云稽首再拜，上书皇帝陛下"，异代之人而称谓如此，见仕晋非其本心，故托汉以自见尔。近代诗人称朱彝尊、王士禛，朱尚有感激，王则恝然忘其本矣。《己亥》诗以卢循目郑成功、张煌言，可谓全无心肝者也。举世推王为诗宗，风义焉得不衰！

谢安力存晋祚，而终身不言桓温之过，以其功在诸夏也。北府练兵，实亦自温造端。

汉承秦制，以吏为师，由小吏至公卿者甚众，后汉渐有流品矣。然郑康成尝为乡啬夫，犹曰"家本寒微"也；马季长以外戚豪家，亦尝仕为督邮，此在晋世，则乡里小儿为之矣。又方技之官，汉人亦不贱视。《衡方碑》：方尝为颍川太守，免归，征拜议郎，迁太医令。《杨淮表纪》：淮从弟弼由冀州刺史迁太医令。议郎、刺史之与太医令，虽同为六百石，望之清浊，权之重轻，岂可同年而语！今世虽士人知医者，宁卖诊市上，必不屈居是职，而汉人不耻也。

江左虽重门地，熊远以石崇苍头之孙，竟仕至尚书左丞、散骑常侍，然所请招贤良于屠钓，聘耿介于丘园，卒不行也。

宋武帝削平燕、秦，功逾曹、马，黜华尚俭，以身范物。文帝继之，元嘉之政，上方文、景，外戚如臧焘，逸民如雷次宗，并敦尚儒学，为当时引重。然文帝弑于元凶，孝武亦不克负荷，家国紊乱，又甚于晋，以子孙无素教尔。故贾生曰："戒之哉！无养乳虎，将伤天下。"

汉制：太守以上，亲丧率不得去官。吴时虽下吏亦然。中原丧制，乃又矫而过隆，魏晋人期丧犹去官。潘岳《悼亡诗》，上言"荏苒冬春谢，寒暑忽流易"，下言"僶俛恭朝命，回心反初役"，是妻丧至期始复仕也。唐制唯三年之丧去官矣。三年丧自周至唐，父为长子皆斩，晋嵇绍以长子丧去官，唐人唯父母丧去官矣。

丧乱之世，岂乏正人？于魏陈泰，于晋王坦之，于宋蔡廓、蔡兴宗，皆是也。魏之范粲，寝所乘车，足不履地，不言三十六载，视夷、齐、龚胜尤难。

魏世学未大丧，其始魏武所任，节义如王修，清白如国渊，骨鲠如崔琰，纯素如毛玠、徐邈，学行皆足以自辅。魏文虽慕通达，羔羊素丝之风，犹存于士大夫间。郑门之王基，卢门之毓，布在朝列，可谓有守有为者。高堂隆之直谏，尤当时所难也。杜恕、桓范虽无周身之防，其持论足次周、汉儒家也。玄言初作，嵇康犹是正人，夏侯玄亦尚以方严自守也。唯王沈以文籍先生称，而叛魏即晋，以成成济之祸；王肃以古学称，其子恺乃与石崇竞为奢侈，儒风荡然矣。

《说文》每引经以证古文，康成亦时引逸《书》逸《礼》，知壁经迻写之本，许、郑皆亲受之于师也。康成《戒子书》云："所好群书，率皆腐敝，不得于礼堂写定，传与其人。"而古文由此绝矣，弟子所传，唯有康成定本，其文字多改故书。是以魏初传古文者，独一邯郸淳，其传自度尚来也。王子雍虽称古学，生逢丧乱，不得其师，盖只见贾、马定本，非睹古文真迹。正始中，邯郸所传虽摹写上石，子雍尝亲见之，只得《尚书》《春秋》，于《礼》不箸一字，《尚书》又无逸篇，故所见不免局狭。自是郑冲伪古文作矣。然据颜师古、玄应、郭忠恕所引及今莫高窟所发《尧典》释文，其文字犹依仿石经。隋、唐间明古文者，独陆德明、曹宪，所谓补苴罅漏尔。犹幸《礼经·丧服》，代有讲明，施于实事，士大夫未至背死忘亲也。

梁武帝初无失德，其始相如徐勉，将帅如韦叡、曹景宗，纵不能定河北，于以保持江左，无难也。晚节一内侯景，势遂瓦解。或以梁武护前愎谏为过，此尚非其本。盖时将相无人，虽真士人亦少，本实已先拨矣。颜黄门《家训》言："梁朝全盛之时，贵游子弟多无学术，至于谚云'上车不落则箸作，体中何如则谜书'，无不熏衣剃面，傅粉施朱，驾长檐车，跟高齿屐，坐棋子方蓐，凭斑丝隐囊，列器玩于左右，从容出入，望若神仙。明经求弟，则顾人答策，三九公讌，则假手赋诗。及离乱之后，诸见俘虏。虽百世小人，知读《论语》《孝经》者，尚为人师；虽千载冠冕，不晓书记者，莫不耕田养马。"如颜氏言，则视两晋膏粱博物止乎七篇者又弥不逮，而骄佚或过之。士大夫如此，欲其致命御侮，岂可得乎？护前愎谏，一人之过，逸居无教，则亿兆尽崩矣，国焉得不亡。

刘孝标《广绝交论》，意趣感愤，自谓广朱公叔之义。未思公叔尚有《崇厚论》也，论称"天不崇大，则覆帱不广；地不深厚，则载物不博；人不敦庞，则道数不远。昔在仲尼不失旧于原壤，楚严不忍章于绝缨。由此观之，圣贤之德敦矣！"此与《绝交论》自为违戾。盖公叔天性卞狷，观其与刘伯宗书可见。《绝交论》则径情直行之言，《崇厚论》乃勉其所不能耳。若孝标，则更不欲勉矣，南朝人不逮汉人如此。

区言二

隋唐之相禅，武氏之代兴，其臣效死者寡。及安史为乱，以死勤事不辱伪命者如此其？也，则同类与胡虏异也。

唐太宗谋取建成，问李勣，李勣辞。及高宗欲立武氏，勣乃对以"陛下家事"，卒成牝晨之祸。何前后自相戾也？或曰：勣本群盗，无足议。余谓以孽夺宗，以弟之妻备嫔御，彝伦既斁于前矣。不端其本而正其末者，无忌、遂良之忠也；以为无化而弃之者，李勣之愤也。夫曰"陛下家事"者，明其闺门之内素如犬豕，细者不足责也。虽然，勣是时已贵矣，纵不欲诤，独不能如前者之默乎！干其蛊者，幸有敬业尔。

房、杜佐唐，功参闳、散，然其为太宗谋夺宗，则已甚矣。始秦王与隐太子不平，玄龄劝行周公之事，既而与如晦并劝秦王诛建成、元吉。后二人又同箸道士服入秦府密谋，遂成玄武之变，此其事过丁仪兄弟远矣。当时太宗义故如无忌、敬德、公谨之伦，姻亚武夫，不足多訾，任其责者非房、杜而谁！其后玄龄子遗爱谋逆，自欲夺其兄遗直袭爵始，此与其父教秦王夺适无异也。如晦子荷参太子承乾逆谋，欲废太宗为太上皇，此与迫高祖内禅无异也。以逆为训，故子姓效尤，宜无瘳焉！《传》称：玄龄治家有法度，集古今家诫，书为屏风，以教诸子，曰："汉袁氏累世忠节，吾心所尚，尔宜师之。"焉知其身不正，虽令不从也。

问者曰：房、杜之事，亦不过如鲍叔耳，何世人皆宽议鲍叔而子严议房、杜也？曰：纠与小白，非判然有当立不当立之分也；建成与秦王，太子支子之分已定也。夫焉得以为比！

汉楚王英谋逆，明帝徙英丹杨，未尝罪其妻子。唯楚狱连及者广，袁安则以死自任，为理出之。唐太宗杀太子、齐王，亦可已矣，而又诛其十子，房、杜于此无一言。岂非明帝之举以义，故不患楚嗣之报复；太宗之举以不义，故深患二嗣之报复乎？玄龄欲子孙师汉袁氏，未思己之得比袁安否也？

王绩《游北山赋》自注称其兄门人百数，有董恒、程元、贾琼、薛收、姚义、温彦博、杜淹，而不及房、杜、魏徵、陈叔达等。由今追观，玄龄少时已知隋祚不长，而仲淹方献太平策，以隋文之猜刻，太子广之奸狡，杨素之邪佞，乃欲其追比成、康，其识不及玄龄远甚，知房必不事王也。魏徵于隋末为道士，诡托方外，亦无执挚儒门之理。陈叔达答绩书称"贤兄文中子"，是叔达亦非仲淹门人；又云"叔达亡国之余，幸赖前烈，有隋之末，滥尸贵郡，因霑善诱，颇识

陈子昂像

大方"，则是尝以郡守下问部民，非箸籍门下者也。绩书但举亡兄芮城，不及文中，果尝抗颜为师，安有不举为表旗者哉？唐初卿佐，薛收最少，其为仲淹门人，斯无可疑，然《中说》称内史薛公令子收往事，尚亦不谛，使道衡重仲淹如此，不令作蜀郡司户书佐矣。

陈子昂之谀武氏，犹子云之谀莽也。然观其《感寓》三十八首，刺讥良多。最显箸者，一云："世情甘近习，荣耀纷如何？怨憎未相复，亲爱生祸罗。瑶台倾巧笑，玉杯陨双蛾。"是明斥武氏之惑主也。一云："临岐泣世道，天命良悠悠。昔日殷王子，玉马遂朝周。宝鼎沦伊谷，瑶台成故丘。西山伤遗老，东陵有故侯。"是悲唐周鼎革之事也。一云："乐羊为魏将，食子殉军功。骨肉且相薄，他人安得忠？吾闻中山相，乃属放麑翁。孤兽犹不忍，况以奉君终。"是已知狄梁公之心也。盖亦犹子云《法言》，语多讥切，称"汉兴二百一十载而中天"，其献谀则无特操也；其有所刺讥感伤，则素心之不可掩者也。近代全绍衣表彰明季义士，其素心也；而《圣清戎乐词》特为献谀，盖亦有不得已者。深诋子昂，岂有意乎？

《法言》称"蜀庄沈冥，两龚絜清"，其不台于莽可知也。子昂为其父元敬墓志云："青龙癸未，唐历之微，公乃山栖绝谷，放息人事，饵云母以怡其神。居十八年，玄图大象，无所不达。尝宴坐谓其嗣子曰：'吾观大运，贤圣生有萌芽，时发乃茂，不可以智力图也。'"又为其族人居士嗣墓铭，比之庞德公、郑子真、王霸、蜀才，"非其道万钟不足丰，非其荣五鼎不足饪"，然则顾丘垄、瞻桑梓，岂无追孝慕义之心哉！两人先后产蜀中，文章皆陵跨百代，而操行持论亦相若，岂渊源所渐如是邪？

作礼乐以文奸言，称符瑞以愚百姓，武氏与莽无异也。莽末天下大乱，身陨渐台，而武氏无是。是有故。莽变乱人民职业，其毒布于天下；武氏之酷，只及于朝臣也。莽忌人材，而武氏能超用俊杰也，姚、宋亦武氏所得士耳。

上官仪以谋废武氏见杀，其孙女为昭容，乃通武三思，内出诏命，辄推右武氏。李义府以附武氏贵幸，其子湛乃助张柬之诛二张，迎中宗复位。后人之异于前人如此。然则忠正之后，从恶如崩；奸谀之嗣，干蛊无咎。岂天道邪？在人自为尔。

裴行俭不喜王勃，谓其不得令终；独喜勃兄勮，谓当掌铨衡之任。其后勃渡海溺死，勮仕至天官侍郎，其言验矣。然勮卒坐綦连耀事诛死，并及其弟勔，则犹不如溺死之为安也。行俭之鉴裁岂有当哉？观其所谓器识者，本谓享爵禄之器，然则生五鼎食，死五鼎烹，行俭固不以为非也。

陶弘景称山中宰相，未尝居位也。以道士登相位者，自魏徵始。及元刘秉忠、明姚广孝出，遂有黑衣宰相矣。韩退之汲汲以利禄诱沙门，未思有此辈在耳。龟潜而龙跃者，自非贤哲，必为奸雄，固不与鸡鹜争食。非其时，诱之亦不出；得其时，沮之亦不能矣。澄观公才吏用，当时所无，然其志既定，虽伊、吕亦不为也。徒得贾岛之伦，将安用之？

天之生才，不为治乱增减。汉世，上有光武、明、章，下有严光、梁鸿，斯为最盛。然汉廷公卿，亦非有特达之士也。其后外戚阉竖渎乱朝政，则韩康、徐穉、陈寔、黄宪、袁闳、姜肱、郑玄、申屠蟠、庞公、司马徽兴乎下，或仕或隐，亦不离儒行也。魏、晋二季，儒者渐零落矣。而隐逸转多于汉，苦节如孙登、焦先、董京、郭文，甘节如范乔、戴逵、孟陋、刘骥之、陶潜，与夫索袭、杨轲之流。隔在异域，悉能以贞白自持，则缙绅端笏者对之有惭色矣。乃其所学，固不必纯乎儒术也。佛道既昌，隐者别有归宿，故自达摩东来以后，逸民渐希，而禅宗高德如竹如蔗矣。唐贞元、元和间，不为盛世也，有如郭文之流，亦未肯出，退之乃欲挽禅人以从政，岂可得邪？

吕温《广陵陈先生墓表》曰："广陵郡棠邑乡陈君曰融，长而不学，老而不仕，殁而不称。若夫为养克孝，居丧致毁，事亡如存，朋友孜孜，兄弟怡怡，于乡恂恂，与物熙熙，天性人道，其尽于兹。何必读书，然后为学？予贞元初，寓居是邑，言归京国，道出其乡，始见一乡之人，父义子孝，长惠幼敬，见乎词气，发乎颜色，不闻忿争之声，不见傲惰之容，雝雝穆穆，甚可异也。因揣之而叹曰：此乡之人，岂必尽仁？其必有贤者生于是矣！周访故老，果曰：吾里尝有陈融，孝慈仁信，不学不仕，乡人见之，皆自欲迁善远罪，亦不知其所以然。"如《表》所称，此与汉之姜肱、王烈何异？若其生无石师，自然醇懿，视姜、王尤难得。意者天生蒸民，如此者亦常不绝，特不见称于衰敝之世尔。

韩退之笃于故旧，见人有技，休休乎若己有之，视前世诸文士诚贤。然其戚于贫贱，耽于饮博，去居易俟命能节制者盖远，而便栖栖欲拟孟子，亦不自度甚矣。方其瑕适未暴，以儒者之名为干橹而排释氏，人莫之非，虽己亦自谓足以任也。及贬官潮州，震怖失据，谢表称宪宗功德优于高祖、太宗，请"东巡泰山，奏功皇天，明示得意"，末言"皇帝陛下，天地父母，哀而怜之"，其诡屈若是，儒者之干橹败矣。是时虽一渔父指数其失，犹将索然无以应。而大颠方以儒者之义相责，谓不应请封禅，一发中其所自疚，虽欲不屈无由。且夫人能外形骸以理自胜，不为事物侵乱者，自平居视之，未以为贤也，会其震怖失据而得之，则自知己之不若，审矣。退之始终不肯屈于释氏，其情也；其屈于大颠一人，亦情也。《与孟简书》虽文饰，盖不离其质云。

张万福之拜阳城，昔人以比辛庆忌救朱云、刘辅，斯诚介胄所难。汉、唐时狂者如盖宽饶，躁者如李邕，不知进退有之，其伉直亦不可没。以魏相、姚崇之贤，而不能容此二子，将其信未孚，抑魏、姚之度诚有不如介胄者邪？

陆贽在建中、贞元间专主息兵，李绛、武元衡、裴度在元和朝决策讨伐，非宪宗之能过于德宗也，河北之盛衰、淮西之坚绝不同也。刘闢、李锜素无根柢，则指麾而定之耳。淮西虽梗，于九州财如黑子，克之未足以肃群凶之心。当时朝野崇饰其功如此，毛公《采芑·传》曰："言其彊美，斯劣矣！"

唐室闺门无礼，其时诗人亦多荡佚。然坚贞之材，如宋璟、张九龄、杨绾、颜真卿、崔祐甫者，亦仿佛东汉诸贤，赖以持国，则礼教未衰于缙绅之间也。观《通典》知之矣。

朱全忠之暴戾而能薄赋，张全义之无耻而能劝农，所谓盗亦有道者，固出于真忧，非缘饰外貌也。后代不逮此者多矣！

钱镠保障两浙，浙人至今德之。按：是时吴大而吴越小，徐温无锡之捷，诸将欲乘胜薄之，温不许，与钱氏讲解，自是两国偃兵二十余年，则德在温而不在镠也。

宋盛时，南国人材以江西、闽、蜀为冠冕。江西与蜀，汉、晋已多达者，为杨、徐、王、孟所保育，文学视中原自胜。闽在南朝，犹有蛮夷之俗，唐常衮始为设乡校，文士如欧阳詹辈，财一间见。逮宋丰蔚如此，则知中土簪缨，避地南徙，因以流衍文化者多矣。虽然，文行有之，国士远器则鲜焉。推论南材，唯范文正、李忠定、宗忠简为人杰，而皆起于吴会。今又逾七八百年，其质亦衰矣。

襄阳、彭城，汉、唐多秀硕之士。中更六代，其地当南北兵冲，而不能摧沮也。北宋尝有称者，后遂阒然，其衰先于北方。

宋惩方镇之乱，国势转弱，昔人论此多矣。然使建置大郡，任以文吏，如西汉盛时，则力不能畔而兵足任也。必欲破析州郡如春秋陈、许诸小国，宜其愈矣。韩、范在西，虽专兵柄，计其现力，实不当汉时边郡太守也。

李沆为相，大似曹参，黜喜事之人，罢言利之说，斯为当务。唯日取四方水旱盗贼奏之，视参为慎密，所谓居敬行简者也。

宋承五季苟且之政，官制荡然。杨亿尝欲复尚书省制，范仲淹遂多条列。此于纲纪为不可缺，非若仲舒更化之说也。

宋之行法，不忍于缙绅，盖与梁武同病。其称厚德以此，其不振亦以此。

田锡、王禹偶始以儒学致用，孙奭称"'天何言哉'，岂有书也？"盖学孟子而有得者，贤于唐之韩愈矣。其时国俗敦庞，故数公声誉不如后来者之显赫也。

奇伟如张詠，侃直如唐介，风采不似宋人，犹东晋之有陶侃、卞壶也。

朱邪称制以后，绵历三姓，迄宋初犹有胡风。徐铉初至京师，见朝士多披毛褐，哂为五胡之俗。及贬邠州，地苦寒，铉终不御毛褐，以冷气入腹卒。此虽近戆，其志亦可悲矣。清世命妇制服，皆施长衣，汉人卒不肯服。上箸袿衣，下施赤裳，绣补袿衣胸前以分品秩，虽入谒宫庭，宾赞大礼，亦不改。其实私造命妇服也，然未有敢非之者，由其耻与胡妇同服，遂成习贯。妇人贞恒，犹有徐铉风，而夫子制义者竟不能也。或者乃谓"无衣无褐"，已见《豳风》，妇人之服，于礼本不殊衣裳，反之者为不知古。不知称褐宽博褐之父者，皆以贫窭致然。宋时进士登弟，尚称释褐，此岂士大夫之法服也？妇人宵衣之属，皆上佟袂而下曳地，非如清时所为也。

礼失而在四夷者，《周官·大祝》之奇拜，杜子春云："谓先屈一膝，今雅拜是也。"然何武所举方正，樊辟雅拜，有司以为诡众虚伪，是汉时行此者已鲜。《后汉书·东夷高句骊传》"跪拜曳一脚"，正此奇拜。建州本高句骊地，故清时亦屈一膝曳一脚而拜也。其他燔豚之食，席地之燕，盛行于清世者，孰非古礼？此犹祭祀立尸犹存于蛮夷中耳。礼法后王，不得缘饰周典以颂殊俗。惟日本法服独存唐制，皇室大礼则冠通天冠，此其当采者也。

《东都事略》载：余靖两使契丹，通外国语，至为蕃语诗，为御史劾奏，自知制诰出知吉州。靖本正人，亦无蛮府参军之屈，直游戏为此，犹不免于弹劾，则宋时尚有典型也。

庆元内禅，近世钱晓征议之曰："古有废昏立明者矣，未有废父立子者也。父子之义，无所逃于天地之间。若以太皇太后之诏为辞，此掩耳盗钟之为。论者许赵汝愚为社稷臣，此夫子为卫君之说也。"此论至当。唐天宝末，玄宗幸蜀，中原将帅无所禀命，宗社存亡，仅如一发，肃宗嗣位灵武，为恢复根本，宋儒犹谓之篡。绍熙末年，非有亡国破家之衅，其率群臣而退者，留正所为尔。而汝愚拥立嘉王，诸儒又身与焉，盖亦弗思而已矣。必不得已，立嘉王为太子，奉以监国可也。强使即真，是卫辄之继也。

孟子云："不嗜杀人者能壹之。"明太祖威刑逾滥，二世而亡，与秦皇无异也。秦时有六国公族，故六国亡之。明之取胡元，至顺也，胡既不复能南牧，民亦无与胡者，故其分封之子亡之。亡一也，晋亡于曲沃，汉阳诸姬亡于楚，非有异也。

建文朝缘饰儒术，而不能胜燕王之残暴。孟子曰："今之为仁者，犹以一抔水救一车薪之火。"

明初暴戾之气，垂六十年，厚德如仁宗，犹瓜击李时勉，折胁几死。宣德以后，其风始衰。

解缙上《大庖西封事》，通达治体，其识过方正学远甚，而建文朝黜之，何也？

成祖讨黎季犛弑君之罪，犹灵王之戮庆封也，是以交趾卒不服也。

宋丁谓诬寇准，章惇、邢恕诬刘挚，皆谓其谋废立，准与挚不过远窜耳。明石亨等诬于谦、王文欲迎立外藩，其无根犹是也，而谦、文竟死。君子是以不台于薛瑄也。

中夏典法，至胡元荡尽，明虽复之而不能尽也。张居正称："高皇帝之治，主于威强，前代繁文苛礼乱政弊习，铲削殆尽，其所芟除夷灭，秦法不严于此矣，又混沌之再闢也。"其实礼文废于胡元，明祖因循而已。废其大者：则公除以后，嗣君亦无心丧；大行百日，遽行大婚，是也。废其小者：则祖宗之名亦不讳也。明世名璋名深者甚多，官名则镇守、照历亦不改。然据《明律》称，御名庙讳有二字止犯一字者，不坐罪；《会典》称二名不偏讳，亦瘫据表笺文书言之。乃臣下竟以为名，此何义也？嘉靖以还，稍稍知讳矣。

刘宋时，三吴犹有乡射，羊玄保、蔡兴宗皆举行之。乡饮酒讫明未废，其有相陵犯者，律箸其刑甚峻。此之不行，则少陵长者多矣。

英宗释建庶人之囚，曰："有天命者任自为之。"英宗何以有此言哉？覆于土木，锢于南宫，而卒还大宝，知天命不可夺也。前世楚成王失之重耳，吴夫差失之句践，项王失之沛公，魏武失之先主，苻坚失之慕容垂，桓玄失之宋武，高欢失之宇文泰，建庶人不辨牛羊，固非七人之伦矣。虽然，唐宣宗之在潜邸，沉默不言，当时视之，亦谓其痴，与建庶人无异也，英宗不以是疑建庶人，则诚有过人之度也，其不失国也宜哉。

明世人材，至弘治而极盛，王恕、马文升、刘大夏、杨一清，得一人可安天下。孝宗孜孜求治，早朝晏罢，亲信大臣，又非君臣不相遇之时也。惜其龄促，而武宗以荒淫继之。使孝宗寿过中身，则可比隆于文景矣。

荀子云："有暴察之威者，有狂妄之威者。"明武宗以巡幸故，杖杀谏者十余人，狂妄之威也。世宗以大礼故，杖杀谏者十余人，暴察之威也。所谓"百姓劫则致畏，嬴则敖上，执拘则最，得间则散，敌中则夺"者，于世宗见之，所谓倾覆灭亡可立而待者，则武宗竟免焉，是何也？武宗之世，弘治德泽犹在人心，又有李、王、二杨四相弥缝其阙，虽杖毙谏官，未敢妄戮大臣，且其威如飘风暴雨，不终朝夕，故无灭亡之祸也。世宗时，弘治余泽已衰矣，以营造斋醮浚民，与以巡幸厉民无异也。而又享国久长，老而弥虐，张孚敬、桂萼、严嵩逢君之恶，凡四十年，戮一宰相，杀尚书、总督以下无算，非徒杖毙谏官而已。是以明之亡征，在暴察之威，不在狂妄之威也。

阳明《答顾东桥书》称："人而不仁如礼何？人而不仁如乐何？"《答聂文蔚书》称："一家骨肉，不能无尔我胜负之意，彼此藩篱之形，况于天下之大，民物之众，何能一体视之？"按《年谱》，答顾书在嘉靖四年，答聂书在五年，其针砭世宗君臣，可谓切至矣。惜以霍韬、黄绾自累耳。

明中叶以后，人主多不涉学，独世宗知之。乃若资辨捷疾，闻见甚敏，强足以拒谏，辨足以饰非，适自取危殆耳，其材盖与新莽、梁元无异。及愍帝效之，明遂不祀。

明世士人，不可与道古；然于朝章吏法，靡不周知。故虽弱冠释褐，出宰远县，处分公事，晏然有余。上至监司，亦未尝特延幕僚也。清世士人，知古不知今，适相反矣。

明进士弟一人，商辂、彭时，见之政事者卓然过人；岳正、罗伦、舒芬、杨慎、罗洪先、吕柟，亦皆直谅之士。至清而寂然，恬淡守经者，财一金榜尔。

天启、崇祯间，镇辽则有孙承宗、熊廷弼、袁崇焕，剿寇则有卢象昇，皆一世之奇材也。能终其用，明亦不亡。熹宗只失一人，愍帝乃失三人。崇祯朝之宰相，祸国甚于魏奄矣。

天顺、成化间，王翱、姚夔主铨事，王专用北人，姚专用南人。是时南北人材固相敌，终明之世亦无低卬焉。及清以甲科饵南人，士风日靡，唯湖南得免。然曾国藩犹未脱然于是也。

或曰："张居正沙汰生员，可乎？"曰："游食聚处，好行小慧，沙汰之可也。""乡校议政，可乎？"曰："有子产则可，无子产则乱。""明太祖严太学之法，笞重者至于谪戍，可乎？"曰："可也。未若申之以孝弟忠信也。"

或曰：明亡于东林，有诸？曰：东林之党犹正也。国虽亡，君臣之义不亡也。君虽亡，朋友之义不亡也。友虽亡，夷夏之义不亡也。
抗疏攻奄，激使狂噬者，杨忠烈也。时东林高忠宪、黄忠端皆谓宜缓。

袁世凯之信臣陆建章者，一日不杀人，则邑邑不自得。日射击数
人，即快意愔然而卧，卧必见死者被发血模胡巍巍来逼其身，又震怖
失次，后不敢卧，歃御米以待旦。余方见羁，而建章问曰："死者之
来，谁为之也?"余曰："是君天性未尽丧之征也。假令如张献忠之徒
以人为当杀者，则不见死者来逼矣。"曰："为献忠即卧安乎?"余曰：
"君能为则为之。"建章默然，自是杀人亦少衰。

蓟汉雅言札记

经　学

群经第一

《易》

先生云：伏羲画卦，乃揭示中国舆地之四至八到。

先生云：《周易》最难了澈，佛法入中土，乃得会通。

焦循为《易通释》，取诸卦爻中文字声类相比者，从其方部，触类而长，所到冰释；或以天元术通之。虽陈义屈奇，诡更师法，亦足以名其家。

先生云：李善兰曰："太极即点，天元即线，天元自乘即面，天元再乘即体。"准此则四元术所云太极，即可比《易》之太极矣。太极引而长之为天元，则"太极生两仪"矣；天元自乘，则"两仪生四象"也；天元再乘，则"四象生八卦"也。然则太极即旋机，犹欧罗巴人所云重心。而王弼之说，真无可易矣。焦循虽少重王弼，然犹以玄言为非，则滞于常见也。

先生云：湘潭王氏说《易》，谓"马八尺以上为龙。《易》所言龙，皆马也"。若然，所谓"潜龙跃渊""飞龙在天"者则不可通。且古书

章太炎篆书《王辅嗣易略例》（王弼，字辅嗣）

亦数以龙蛇并称，非专指马八尺以上者明矣。

《书》

先生云：《尧典》"嵎夷"，《说文》引作"堣夷"，今文作"禺铁"，惟《五帝本纪》作"郁夷"，此为安国所得壁中真本。"堣夷"乃后汉诸儒之治古文者，以今文改字耳。按《毛诗》"周道倭夷"，《韩诗》"倭"作"郁"，知此"郁夷"即"倭夷"。《汉书·地理志》"乐浪海中有倭人，分为百余国"，是也。

先生云：二十九篇虽在，亦犹废绝。《禹贡》之山川，《尧典》《立政》之官制，《吕刑》之法律，差可以窥一端。

太炎先生近年籀读《太史公书》，成《太史公古文尚书说》一卷。嗣后贯穿故训雅记，以己意比考，成《古文尚书拾遗》二卷。已见《章氏丛书续编》。闻年来复有新得弄箧衍中，先生大渐之前日，尚语家属，即为刊行。余有挽先生联云："孔壁探遗经，折异证同成绝学；六书明正体，穷冥通化更何人！"然先生弟子中，治《古文尚书》者有吴君承仕。季刚虽殁，其遗箸足以羽翼《文始》者，亦将由季刚弟子为之校刊。章学复兴，其不远乎！

先生《中学国文书目》云：《尚书孔传》，有伪古文经二十篇，宜简去。其称《孔传》，亦是托名，正当称《枚传》。今不用段、孙二家

章太炎《尚书注疏》批注线装刻本

《尚书》者，以段只考正文字，孙编次古注，未有裁决故。

《诗》

先生云：《国风》异于谣谚，据《小序》说，大半刺讥国政，此非田夫野老所为，可知也。其佗里巷细情，民俗杂事，虽设为主客，托言士女，而其词皆出文人之手。观于汉晋乐府，可得其例矣。

《周礼》

先生云：《周官》始出山岩屋壁，未有校勘者。杜子春以下，多所发正，如晦之见明。

先生云：《周礼》为官制之原，历代不能出其范围，不限于封建、郡县也。《唐六典》《明会典》《清会典》编次之法，皆依《周礼》。

《春秋》

先生云：孔子当春秋之季，世卿秉政，贤路壅塞，故其作《春秋》也，以非世卿见志。其教弟子也，惟欲成就吏材，可使从政。而世卿既难猝去，故但欲假藉事权，便宜行事。故终身不敢妄冀帝王，惟以王佐自拟。

经与传，犹最目与委曲细书。韩非《内储上下》，皆自为经，又自为说，叙其旨意。近代司马光造《资治通鉴》，又先为《目录》，襄括大法。经何嫌有丘明，传何嫌有仲尼耶？

《论语》

先生云：《论语》之名，初甚广泛，凡记孔门言行者，如《三朝记》及《仲尼闲居》《孔子燕居》之类，以及《家语》二十七篇、《孔子徒人图法》二篇，悉以为称。故王充言《论语》有数十百篇。秦火以后，传诵不绝，而未有专师授受。及鲁共王坏孔子宅，得壁中古文《论语》，还之孔氏，孔安国以授扶卿。自是《论语》之名，始有限制；《论语》之学，始有专师。此王充所谓"始曰《论语》"，别于前此之泛称《论语》者矣。

先生云：《汉书·儒林传》云："迁从安国问故，迁书多古文。"好古之士，欲求《论语》古文者，当于迁书求之。

先生说《论语·泰伯》篇"士不可以不弘毅，任重而道远。"按《说文》强从弘声。旧言强弱者，多借"强"为"彊"，则"弘"亦可借为"彊"。且《说文》"弘，弓声也"，弓声刚厉，则引伸自有"彊"义。此之弘毅，犹通俗言强毅耳。

先生说《论语·卫灵公》篇"君子固穷。小人穷，斯滥矣。"固与滥相对为文。《释诂》："坚，固也。"《易·文言》："贞固足以干事。"然则"固穷"者，犹言处困而贞，亦犹言贫且益坚耳。《庄子·让王》篇亦载此事云："内省而不穷于道，临难而不失其德。天寒既至，霜雪既降，吾是以知松柏之茂也。"正明坚贞之旨。盖孔子以子路不平，故不答其问，而告以处穷之道。若谓君子固应穷者，禹、稷、伊尹之达，又当何说？若如《集解》谓"君子固亦有穷时"，则又增字解经矣。

黄式三为《论语后案》，时有善言。

诸经总义

段玉裁以十三经为少，谓宜增《大戴礼记》《国语》《史记》《汉书》《资治通鉴》，及《说文解字》《周髀算经》《九章算术》，皆保氏书数之遗，集是八家，为廿一经。其言闳达，为雅儒所不能论。

古之六艺，唐宋注疏所不存者，《逸周书》则校释于朱右曾，《尚书夏侯遗说》则考于陈乔枞，《三家诗遗说》考于陈乔枞，《齐诗翼氏学》疏证于陈乔枞，《大戴礼记》补注于孔广森，《国语》疏于龚丽正、董增龄，其扶微辅弱，亦足多云。

先生云：昔人传注，本与经文别行。古文家每传一经，计有三部，与近世集钟鼎款识者相类。其原本古文，经师摹写者，则犹彼之摹写款识也。其以今字逐书者，则犹彼之书作今隶也。其自为传注，则犹彼之释文也。但彼于一书中分为三列，而此乃分为三书耳。

治经者既贵其通，亦贵其别。家有异义，不容唯阿两可。

汤仲棣言：太炎先生游湘，赴曾重伯。太炎先生谓重伯曰："自古文学政治，兼之者良艰。有之，其君家之文正乎！"重伯曰："经学家而革命者，古有巨君，今有足下。"寿按：重伯，清室世臣，其言不足怪。其后，重伯避地上海，先生与之倡和，不以前言为忤也。亦可见先生之豁达大度矣。

小学第二

形　体

先生云：仓颉前，已先有造书者。亦犹后稷以前，神农已务稼穑；后夔以前，伶伦已作律吕也。

《说文》："赖，赢也。"《史记·高纪》"无赖"，《集解》引晋灼："赖，利也。"太炎先生云："古语无赖，犹今人言没出息。世乃以无赖为狡狯之称，误也。《说文》之训，晋灼之注，亟当表明。"

古文象形，如今工笔画；小篆象形，如今写意画。

造字之法。抽象与普遍者，多用指事；具体与特别者，多用象形。指事之字，自上下而外，复有一二三四五六七八九十等字。十干之中，除戊、庚、辛三字外，亦皆指事。其他指事之字绝少。大抵孳乳其字，皆用形声、会意矣。

凡物之单纯者，多用形声；凡义之复杂者，多用会意。惟可用形声者，必不可用会意。犬马之名，草木之号，山川之别，金玉之品，固无可以比类合谊者，故皆形声而无会意。然可用会意者，亦可用形声。

后人为之，则称别字，古人为之，则称假借者，如来之作麦，麦之作来，煤之作墨，墨之作煤。是虽同部同声，实乃沿袭误用，但其由来已久，固亦无所訾议。

先生云：《说文》云："仕，学也。"仕何以得训为学？所谓宦于大夫，犹学习行走云尔，是故非仕无学，非学无仕。学优则仕之言，出于子夏。当战国时，仕学分途久矣，非古义也。

《说文》："山，宣也。"以声为训，明古音"山""宣"不殊。而宣为天子正居，周有宣谢，汉有宣室，此皆因仍古语。彼天子正居所以名宣者，正以其在山耳。

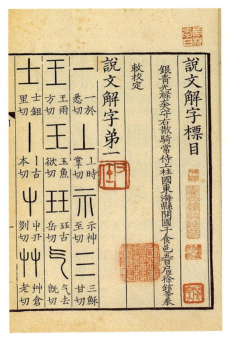

《说文解字》书影

上世语言简寡，故文字少而足以达恉。彼上世者，与未开化之国相类，本无其事，固不必有其言矣。

古者简帛重烦，多取记忆，故或用韵文，或用耦语。为其音节谐适，易于口记，不烦纪载也。

音 韵

今世语音合唐韵者，莫如广州，朱元晦、陈兰甫皆征明之。其次独有武昌耳。

《诗》十五国风不同，而其韵部皆同。亦犹今时戏曲，直隶有京腔，山、陕有梆子腔，安徽有徽调，湖北有汉调，四川有渝调，江西有弋阳调。虽各省方言，彼此异撰，而戏曲则无不可相通，大抵皆以官音为正。特其节奏有殊，感人亦异，此所以各成其腔调也。今之官音，岂有韵书规定，而演唱者皆能相合，则何疑于十五国风乎？

字母出于《华严》，为沙门所传述。而双声反切，则自魏之孙炎，吴之韦昭，已发其端。孙愐作《唐韵序》，尚在字母未出以前，而其文已云："纽其唇齿喉舌牙，部伍而次之"；又云："切韵者本乎四声，纽以双声叠韵。"是字纽之名，先于字母也。

古今字母，虽无大异，而今之读轻唇者，于古率为重唇。如今音呼"父"为轻唇，而古音呼"父"如"哺"，则为重唇，不如此，则不得转为爸矣。今音呼"无"为轻唇，而古音读"无"为"模"，不如此，魏晋译经不得读"南无"为"曩模"矣。亦有古音重唇之字，今世读为轻唇，而常语则犹袭用古音之重唇者。如今呼"凤"为轻唇，而古音读"凤"如"鹏"，则为重唇；然至今"鹏"字犹读重唇，而不读轻唇。鹏、凤本一字，见《说文》。又如今呼"敷"为轻唇，而古音呼"敷"如"铺"，则为重唇；至今言"铺陈"言"铺设"者，实皆"敷"字，而不读"敷"之轻唇音，是皆沿袭古音之证也。虽然，自轻唇重唇而外，古今大抵不殊。

训　诂

庐州鄙人，谓都市居民为奋子。读如泰。奋从大声，《说文》云"大者，人也"，亦古语之流传也。

训诂之术，略有三途：一曰直训，二曰语根，三曰界说。如《说文》云"元，始也"，此直训也，与翻译殆无异。又云"天，颠也"，此语根也，明天之得语，由颠而来。凡《说文》用声训者，率多此类。又云"吏，治人者也"，此界说也，于吏字之义，外延内容，期于无增减而后已。《说文》本字书，故训诂具此三者，其在传、笺者，则多用直训，或用界说，而用语根者鲜矣。如"仁者人也"，"义者宜也"，"斋之为言齐也"，"祭者察也"，古传记或用以说经。其后渐少。其在《墨辩》者，则专用界说，而直训与语根，皆所不用。

先生云：译书当通小学。今通行文字，所用名词，数不逾万，其字无逾三千，何能包括外来新理？求之古书，未尝无新名，而涵义不同，呼鼠寻璞，终何所取？非深明小学，何能融会贯通？晋、唐译佛典者，大抵皆通小学。今观玄应、慧琳二家所作《一切经音义》，慧苑所作《华严经音义》，征引小学诸书，凡数十种，可见当时译经沙门，皆能识字。而文人之从事润色者，亦知遵修旧文，而不穿凿。

史　学

正史第一

先生云：《史记》为诸史之宗，文章虽美，而用在实录，勿以文人之见求之。

先生云："注疏者，八股之先河。明清之奏议，八股之支派也。词曲既有史，八股取士，逾数百年，其沿革亦不可阙。修清史者，可别为志以纪之。"余曰："清梁章钜之《制艺丛话》，据以笔削，即《经义志》矣。"一日过书肆，得是书，即购以遗先生。先生笑而受之，且曰："正当诒田梓琴。"梓琴工八股文，对客成诵，故先生以为言。

编年第二

先生云：《通鉴》考定正史之误，且多补苴阙轶，故独为信史，非专以贯穿纪传为能。

先生云：中夏立国，代有史官，据日历以编年纪事，某年某月某日有何大事，可考而知。民国草创，不立史官，记载简略，十年二十年之事，问之后生，已茫如烟雾。远西史裁，无编年之体，不能考大事发生之月日，此其短也。

别史第三

余昔游东，得写本温氏《南疆逸史》，为香山刘樾杭借去。先生为余言："当就温氏书，及王氏《永历实录》及其他明季事状，为《后明史》，以继万氏。三帝当箸纪，而鲁监国、郑成功宜作世家，将相如何腾蛟、瞿式耜、堵胤锡、刘文秀、李定国，功施赫然；金、李虽尝降虏，穷厄反正，有迷复之功；孙可望、李赤心、郝永忠之徒，彊寇桀黠，空为豺狼，无损于虏。皆宜录入，以箸劝戒。"

杂史第四

先生云：顾亭林尝得李自成窖金，以是饶于财，因设票号，属傅青主主之。始明时票号规则不善，亭林与青主更立新制，天下信从。闻山西人云。

先生云：世传亭林始创会党规模，盖亦实事。全绍衣谓先生遍观四方，其心未下。是则先生外以儒名，内有朱家、剧孟之行，非多财亦不能然也。

舆地第五

先生云：大秦为拉丁，拂菻为佛朗哥。

先生云：突厥为唐所驱，匈奴为汉所驱，转入欧洲，为今之土耳其、匈牙利。

先生云：大秦即罗马。其曰大秦者，明非本称，乃实中国所号。犹彼土以震旦称我也。

先生云：西伯利亚，或作锡伯，即鲜卑。匈牙利即匈奴。

中夏地理之志，以京师所在为中心，各省会、府治、县治距京师若干里，皆有纪载。而近日地理教科无之，先生以为此急当妖正。

典志第六

仪　制

日本箸膝以居，庳几以冯，荐土以寝，故空首褒拜，悉如旧礼。诸踞榻之国则绝之。古之九拜，今可率者，其惟肃擅与持节持戟之倚拜乎。

职　官

先生《与章行严论改革国会书》云："监督政府，则当规复给事中；监督官吏，则当规复监察御史。然给事中、御史二名，有帝王侍从官之嫌，宜取其实，而更其名。"余谓给事中当更名监察官，或监事，御史当更名弹劾官，或弹事。先生是之。

先生《与章行严论改革国会书》云："御史与法官所以必分者，何也？曰：官吏违法失职之事，有于刑律未尝定罪者，亦有事情委曲，非法官所能喻其旨者。细者如受赃之事，盖非徒财物珠玉而已；妓妾之奉，文字之谀，如立德政碑等。至于肖像建祠，起堂署额，此其与赃一也，而于法式无其条。大者或有辱国媚外，阴损主权，于法亦无可科罪。其最甚者，以阴险刻薄为政，驯至藩镇叛变，寇盗日棘，若唐卢杞、明温体仁所为者，为祸至烈，人心恶之亦深，然稽之刑律，则无事也，是岂法官所能问哉？近世刑律之设，以纠治百姓者多，以纠治官吏者少，非有弹劾查办，则恣其所为矣。弹劾查办以后，于刑律不应科罪，而但受行政处分者，亦当视其轻重议之。此则当定之官吏惩戒法，不当定之刑律，其处置又有异矣。"见《华国》第一卷第五期。

　　余曩在日本尝著《周礼政铨》一书，癸亥写质先生，先生不弃翦陋，为諟正若干条。原著为旭初采入《华国月刊》，今理旧稿，见先生眉评，墨渖如新。其论官制一事云："《周官》大体，行政权分之邦国，故《地官》少说畿外事；兵权统于王朝，故大司马掌九伐之法；司法权虽分在邦国，而王朝尚时受上诉，故《秋官》多说四方邦国之诉讼。自分为州郡以来，明时一省鼎立三司，都指挥使主军事，布政使主民政，按察使主司法，而两司尚有特权，都指挥使则未有能擅自调遣者也，亦与《周官》大体相近。自督抚之权日重，此制遂废，沿至今日，非割据不可矣。"余论著之见《华国月刊》者，属稿时或就先生质正，以先生说入文；或已脱稿，先生辄别疏胜义示之。盖先生语余考中夏政制因革，当熟杜氏《通典》，益之以《通考》。余每有论述，先稽之《通典》《通考》，其有疑滞，则求先生开示，先生为榷论机要，然后归而参考群籍，伸纸疾书，予之月刊。自《华国》辍刊，遂疏造述，年来先生主《制言》，责以撰述，方谓可赓昔日讲习之乐。而先生竟以夙疾，遽捐馆舍，循省旧编，为之泫然。

　　附庸不达天子，犹今土司耳。以主国兼并附庸，犹改土归流也。

政　　制

　　先生云：中夏政制，长于异国者四物：一曰仁抚属国，二曰教不奸政，三曰族姓无等，四曰除授有格。

疆　　域

　　先生云：内政者，欲其地无华离；军政者，欲其毋以山水为瓯脱

《与章行严论改革国会书》

而相誰诿：军民异守。海陆诸镇，其区域与司异形；司以牧民，而地得就其条列。有舍地治，不以版籍正民，而欲庶民无奸，五史之所未闻。

律　例

先生云：刑法者，草昧之世蚩尤、九黎之所制。所知不过财币器用，以其他为微末。且交相盗取，则捕戮为最严。晋元帝时，廷尉卫展请复肉刑，诏内外通议。王导、贺循等议："今盗者窃人之财，奸者淫人之色，亡者避叛之役，皆无杀害也。加之以刑，刑之则止，而加之斩戮，戮过其罪，死不可生。纵虐于此，岁以巨计。"乃末代之法，盗或与杀人者同辟，减齐乃与伤人致死等，犹在折伤人、略人、诱人上，是重视人之所有，而轻视人之体与权与亲；于其所有者，又重视其偏失，而轻视其全失，与王导、贺循所见略同。唐治强盗律，与斗殴杀人、略卖人为奴婢者等，而校为部曲者及折伤人、诱人者为重。

刑名有邓析，传之李悝，以作《具律》。杜预为《晋名例》。历代法律，惟《晋律》为平恕，惜亡佚不传。

余历年研寻《汉律》，先生曰："《唐律》中，如杀一家三人，夜无故入人家，乏军兴，有所请求，有事以财行求，受所监临财物，保辜等条，固皆《汉律》之文。《唐律》文义最古，知《汉律》之逸文，包括其中者多矣。"燕按：《唐律·杂律》茹船不如法条："诸船人行船、茹船、写漏、安标宿止不如法。"《疏议》："船人，谓公私行船之人。茹船，谓茹塞船缝。写漏，谓写去漏水。安标宿止，谓行船宿泊之所，须在浦岛之内，仍即安标，使来者候望。违者，是不如法。"文义古雅，亦当是《汉律》之逸文，他日当更考之。曾记乙丑八月，余过季刚武昌寓庐，季刚出架上《汉律襫》相诒，并题识云："植之尊兄，出其绪余，明法家论。乙丑八月，过我寓庐，适见是书，谓研讨斯事，亦弥年载，积稿盈几，方将比排，令我以是书助彼参验。我面非削瓜，术惭磔鼠，举贻我友，实获愿兮。"今季刚与先生先后捐馆舍，而余积稿尚待写定，将何质正？念之痛恻。

《汉律》之所包络，国典官令，无所不具，非独刑法而已也。周世书籍既广，六典举其凡目，礼与刑书次之，而通号以《周礼》。汉世乃一切著之于律。后世复以官制仪法与律分治，故晋有《新定仪注》《百官阶次》诸书，而诸书仪杂礼，公私间作。迄唐有《六典》《开元礼》，由是律始为专书。

教 育

余著《改革学制私议》，见《华国月刊》第一卷第七期。与先生榷论，先生曰："政府设学，所以异于私塾者，为其不以金钱卖口舌也。今者敛民之租税，以设百官，莅庶事，民力已竭矣。于俊秀之入学者，复征其听读之费，所谓教育者安在哉？昔汉顺帝更修黉舍，凡所造构二百四十房，千八百五十室。质帝时，游学生三万余人。唐太宗置书算博士三百三十员，国学八千余人。自宋以来，州县遍设学校，而师生授受之制，终明世未尝废，然皆取办于国家经费，无征费之令。学校以外，宋明清复有书院，皆拨帑置田，以给学费，未尝令学徒出资也。是故中国二千年以来，教术虽疏，然政府犹知为民义务也。今者政府设学教士而征学费，则是设肆于国中，而以市道施于来学之士也。学生为买主，而官校为商场，毕业之证，廉价之券也。"余曰："今各国学制，高等以下，有免费者。其大学，则征费者多矣。大学免费者，不征其听读费已耳，膳宿之费，皆学生所自备也。"闻之东邻学士曰："国家虽征民租税，以设备学校。输纳之人，不尽有子弟入学；入学者免听读之资，而其家未必纳税。令未入校者代入校者供亿累年学费，于理未允。"先生曰："今欲如前代竭国用以养生徒，吾亦不取也。今当定正额生如干，不取其费，额外则待缴半费全费而后教之。凡入学者，区为正额、增广、附学三种，略仿宋学三舍升降之法，月一私试，半岁一公试。政府遣官监临，行黜陟焉。如此则政府不以营业教育为务，其半费全费，本额外增附者也，虽取之而不为无名。然增附之制，特以收拾遗才；果无遗才，虽不设亦可矣。"本篇条具学制当改革者凡五事，先生于论末评之曰："案学校本中国旧制，清时校官失职，绝无讲授，人遂以学校为新法耳。南皮在时，已为浮言所吓，无怪其余也。然自昔设学，论者早讦为利禄之途，无可如何，始以科举取士。又以科举无教士之实，于是始兴书院。究之方闻之士，经世之才，多于大师讲塾、儒人学会得之，次则犹可于书院得之，而正式学校无与也。今者学校丛弊，业至不可爬梳，如一切废置，则政府阙教育之责。余意惟有严定学额，不取学费，则国用足给，而学子亦不至以买主自大。植之斯论，大端与私意相合，然法立则弊生，人存则政举，果能见之施行，亦待之其人耳。"

余著《学校大法论》，见《华国》第二期第三册。就质先生，先生口疏大旨，余笔述之云："学校教士，国家选士，非树立大法，则教化不流，政治无本。是故学校之教士，异乎学会之讲学。其在学会之学士，倚席讲论，群流竞进，异说逢起，而其是非去取，一任之学者之抉择，无俟乎国家之豫设科条，以为裁制也。而国家之教士官人，则法制不可不豫立。中夏之立学，皆有法式，如周之三德六艺，汉武之崇尚《六经》，汉宣之石渠讲论，皆特立准绳，纳之轨度者也。至唐之《五经正义》，宋之王氏《新义》，明之《四书五经大全》，且特著成书，颁之学宫矣。当此之时，校官之岁考月书，国家之登进，皆循此以为统摄整齐之法。然而在野学士之著书腾说，互标新义者，不禁也，是可法矣。"

先生云：《大学》一书，自格物致知诚意正心以至修齐治平，可谓内外一致，显微无间者矣。学校大法，必以《大学》为本，其他形而下者，采远西之所长，以供吾用可也。诚意正心修齐治平之道，为中夏凤所讲肄，修之于身，则为德业，施之于治，则为事功。外人之俊秀者，方将求师于我，如隋唐故事矣。兹所条具者二事：一曰定学科，学科之中，文学以中夏之学为主；二曰质科，不属文学者隶之，辅以远西之学。曷言乎文科以中夏为主也？推迹中夏之文为义，盖有二端："一曰文者对质而言，故法律哲学属焉；二曰经天纬地之谓文，故政治经济属焉。"见余《学校大法论》。

先生作《救学弊论》，或言专务史学，亦恐主张太过。求为作中学书目，意取博泛，不专以史部为主。然先生虽勉作书目，终不以自夺前论，先生并云："余虽穷研六书，囊括九流，而前论皆以不呕。盖乱世之学，不能与承平同贯也。"

先生云：前代学政，有转移风气之力，如惠士奇之于广东是也。

先生病今之学生不读经史，谓第读《三字经》《史鉴撮要》，犹愈于肤浅之口义。尝手订《三字经》《史鉴撮要》，以授仲子奇。其改定本，尚存家塾中。

先生云：湘中曾、左、胡三人，曾熟《三通》，左熟《资治通鉴》，胡熟《方舆纪要》。故史地为治学之本，亦治世之经。

古之立德，依于情不依于慧，故其教不肃而成。

姓氏第七

先生云：以桓公伐山戎斩孤竹观之，则夷、齐为山戎种，所谓鲜卑大人者是。其姓墨胎，亦虏姓，非汉姓也。

先生云：姜姓也，逋子为氏羌。《后汉书》曰：西羌之本盖姜姓之别。马氏也，援之溃卒为马留。隋唐时称马留，今曰马来由。

顾宁人遭东胡乱华，欲综理前典为《姓氏书》。先生仪型宁人，作《序种姓》。

史评第八

史　法

先生云：明末忠贤谥，宜用明代所赐，不容以清人伪谥污之。如史道邻应称忠靖，不称忠正；何忠湘应称忠烈，不称忠诚；瞿稼宣应称文忠，不称忠宣。乃定法也。

唐刘子玄覃精名理，三为史官，拘牵时议，志不获展。退撰《史通》，探究本原，铨综得失，后有作者，望洋而已。独其《惑经》一篇，狃于一尊之见，不晓列国之情，夏虫语冰，贤者不免。余曩著《解惑》一篇，以正刘氏因习之误。见《华国月刊》第一卷第四期。太炎先生评之曰："宝玉大弓，国之重器，得失必书，固矣。书盗而不名者，《春秋》于陪臣行事，不著其名，盖较之三叛，犹为微末也。惟卿即今之国务员，事涉政府，不容从略。孔子诛少正卯，及自身出奔，皆不见经，或以少正卯职位素卑，小司寇之职，尚属事务官，而非政务官，故不得破例书之耳。入讙叛不书者，据邑叛不得书盗，而陪臣又不得书名，且事隔无几，齐人即来归讙，阙之非略也。"

考　订

先生云：《山海经》有以讹传讹处。《竹书纪年》不伪，或以为伪，过矣。

先生云：研讲古史者，当准之《史记》，而以《大戴礼》及诸子参稽之。

先生云：余因著《清建国别记》，检明刊诸书略具，更求《天顺一统志》证之。因杭州有文澜阁储藏四库，检《天顺一统志》，辽东都指挥使司下，胪列羁縻诸卫，而建州卫独缺。乃知清臣修书，凡涉己事者必削之。焘按：余藏有万历刊本《一统志》，辽东指挥使司下亦无建州卫，是否被删，记之以存疑，更愿海内藏书家互勘之。

先生云：《王制》正义引《东夷传》九夷：一曰玄菟，二曰乐浪，三曰高骊，四曰满饰。满饰与满珠音近，然金世已无其称，不得至明末复有之。明人书亦无称建州女真为满洲者。据《满洲源流考》，谓西藏献书称曼殊师利大皇帝，鸿号肇称，实本诸此，为确证。其名既自番僧与之，则太祖初建国时，尚无此名可知也。惟曼殊师利，译言妙吉祥，西藏所称，本为尊号，犹此土言圣神文武皇帝耳。建夷不知文义，所任范文程辈，亦皆边鄙陋儒，不知西藏所称之意，竟以曼殊为其部族之名，大可笑也。

余问先生曰："今教授大学讲建筑史者，当及明堂。然明堂之可知者，上圆下方而已。以言其详，虽乾嘉诸经师，其犹病诸。"先生曰："讲法制史者，当及度量衡。然古器既失，今欲考证，一一以今制比较，亦非易事也。"

先生云：指南针，鬼谷子以周公所作，殊未必然，当起周东以后。

先生云：《汉律》，年二十三，傅之畴官，各从其父学。畴者，类也。阮元作《畴人传》，以畴人为明算之称，非是。

晋文所制执秩之官，被庐之法，犹清代会典及诸则例。

论　事

晋之乱端，远起汉末。林宗、子将，实惟国蠹。祸始于前王，而衅彰于叔季。

先生云：贞观、开元之政，综核之严，只在于廉问官吏，于民则不为繁苛。

先生云：王而农发愤于晚明之丧，推而极之，至于孤秦陋宋，以为藩镇削弱，州郡无兵，故夷狄之祸日亟。此可为汉族自治之良箴。

太炎先生十二年为《童师长祠堂记》，见《华国》第一卷第一期。有云："钱氏以龛董昌功，世抚杭越，常附会北朝，与其邻江南构兵，江南亡，钱氏亦纳土。斯盖昧于善邻之道，志脆助寡，迫而为陪属，猥以表忠加之，谩矣。君起偏裨，奋其冯振，卒攘东胡，恢复疆理，直袁氏彊衙，再起与之争命，视钱氏为难能。"后有良史，不能易斯论。

隋唐以科目更世胄，故鱼盐之士，管库之吏兴。匹夫有善，无勿举也，虽衰世犹有俊杰。此其贤于前世者也。

唐世纯德卓行，时有一二。若阳城、元德秀者，突起其间，亦犹七国之世，有乐毅、陈仲，殊特傥见者耳。

唐士之卓荦自得，不违于质信者，亦非无一二也。史如刘知几，政典如杜佑，谋议如陆贽，齐此则止矣。

先生云：北方学者自以颜、李为宗，刘继庄、王琨绳、李天生亦杰出者。继庄史稿归万斯同，地理稿归顾祖禹。

先生以清末言新法者翼清室，作《无言》，戒学者自重其干禄。

先生前数年曾以所作《三君赞》示余。三君者，孙公中山、黄公克强、黎公宋卿也。惜不能举其词，他日当就孟匡问之。

先生云：故者更世促浅，不烦为通论。渐渍二三千岁，不推其终始，审其流衍，则纲维不举。

哲学

儒家第一

宋以前诸家

先生云：孟、荀皆大儒。尊孟摈荀，是一偏之见。

先生云：儒家不信鬼神，而言有命；墨家尊信鬼神，而言无命。此似自相刺缪者，不知墨子之非命，正以成立宗教。彼之尊天右鬼者，谓其能福善祸淫耳，若言有命，则天鬼为无权矣。卒之盗跖寿终，伯夷饿夭，墨子之说，其不应者甚多，此其宗教所以不能传久也。

先生早著《无神论》，而晚年于鬼神之说，则存而不论，以无征不信，非所急也。

先生云：有商订历史之孔子，则删定《六经》是也；有从事教育之孔子，则《论语》《孝经》是也。由前之道，其流为经师；由后之道，其流为儒家。

先生云：学人先须熟读《论语》《孝经》《大学》。《中庸》言天，在儒家如佛家之婆罗门。

先生云：孔子变祯祥神怪之说，而务人事；变畴人世官之学，而及平民。其功琼绝千古。

先生云：凡诸别名，起于取像，故由想位取呼而成。凡诸共名，起于概念，故由思位考呼而成。同状异所，如两马同状，而所据方分各异。异状同所，如壮老异状，而所据方分是同。不能以同状异所者，谓为一物。亦不能以异状同所者，谓为二物。同状异所者，物虽异而名可同，聚集万人则谓之师矣。异状同所者，物虽同而名可异，如卵变为鸡则谓之鸡矣。《荀子·正名》未及此，亦其鉴有未周也。

先生云：中国之学，其失不在支离，而在汗漫。自宋以后，理学肇兴，明世推崇朱氏，过于素王，阳明起而相抗，其云致良知也，犹云"朱子晚年定论"，孙奇逢辈遂以调和朱陆为能。此皆汗漫之失也。惟周秦诸子，推迹古初，承受师法，各为独立，无援引攀附之事。彼所学者，主观之学，要在寻求义理，不在考迹异同。既立一宗，则必自坚其说，一切载籍，可以供吾之用，非束书不观也。虽异己者，亦必睹其文籍，知其义趣，惟往复议论，不稍假借而已。是故言诸子必以周秦为主。

《夏书》曰："昏墨贼杀。"说曰："己恶而掠美为昏，贪以败官为墨，杀人不忌为贼。"《左》昭十四年《传》。周公作《誓命》，曰："毁则为贼，掩贼为臧，窃贿为盗，盗器为奸。主臧之名，赖奸之用，为大凶德，有常无赦，在九刑不忘。"《左》文十八年《传》。明刑书有名例训说也。《唐律》有《名例》，盖法家依于名家，旧律本然。

汉世儒者，往往舍法律明文，而援经诛心以为断。盖自仲舒以来，儒者皆为蚩尤矣。

先生云：命字之本，固谓天命。儒者既斥鬼神，则天命亦无可立。若谓自然之数，数由谁设？更不得其征矣。

夫有为而为善，谓之伪善；则有为而为恶者，亦将谓之伪恶矣。

先生云：道在一贯，持其枢者，忠恕也。心能推度曰恕，周以察物曰忠。故疏通知远者恕，文理密察者忠；身观焉忠也，方不障恕也。上者寂然不动，感而遂通天下之故，无有远近幽通，遂知来物。中之方人用法，察迩言也。下者至于原本山川，极命草木，合契比律，审曲面埶，无不如是。

理　学

宋二程之学，非者以为杂释、老，誉者以为驾孟、荀。然二程言道之情，非邹鲁所能尽也，顾未能方物释、老耳，虽杂释、老何害！

程伯子《定性书》，其言盖任自然，远于释氏而偏迩老聃。

叔世有大儒二人，一曰颜元，再曰戴震。颜氏明三物出于司徒之官，举必循礼，与荀卿相似；戴君道性善，为孟轲之徒：持术虽异，悉推本于晚周大师，近校宋儒为得真。

王伯安复旧本《大学》，于经是也。诚欲究明真理，是书竟何用耶？阮伯元为《性命古训》，于经亦是也。《诗》《书》《春秋》传记，言性多端矣，而尚不能尽宣其说，是樊然者，其是非果安在邪？故以是尊经，则善矣，以是尽理，则非其所任也。

先生云：近世学者，以为宋儒妄论《春秋》，其教严于三纲，其防弛于夷狄。

墨家第二

先生云：墨子之传，绝于汉后。其兼爱、尚同、天志之说，守城之技，经说之辩皆亡矣；而明鬼独率循勿替，汉晋后道士，皆其流也。

凡立宗教者，必以音乐庄严之具，感触人心，使之不厌。而墨子贵俭非乐，故其教不能逾二百岁。

道家第三

道若无歧，宇宙至今如抟炭，大地至今如熟乳矣。

老子之道，任于汉文，而太史公《儒林列传》言孝文帝本好刑名之言，是老氏固与名法相倚也。

先生云：道家老子，本是史官，知成败祸福之事，悉在人谋，故能排斥鬼神，为诸儒之先导。

先生云：《老子》精深博大，非羽流之书。《河上公注》是伪作。

先生云：伊尹、太公之属，皆为辅佐，不为帝王。学老氏之术者，周时有范蠡，汉初有张良，其位置亦相类，皆惕然于权首之戒者也。

先生云：庄子愤奔走游说之风，故作《让王》以正之；恶智取力攻之事，故作《胠箧》以绝之。

先生云：道家亦有任侠，如汲黯是也。

名家第四

凡正名者，亦非一家之术，儒道墨法，必兼是学，然后能立能破。故儒有《荀子·正名》，墨有《经说上下》，皆名家之真谛，散在诸子者也。

儒、墨皆自有宗旨，其立论自有所为，而非泛以辩论求胜。若名家则徒以求胜而已，此其根本不同之处。

法家第五

先生云：法家有二种：其一为术，其一为法。《韩非子·定法》曰："申不害言术，而公孙鞅为法。术者，因任而授官，循名而责实，操生杀之柄，课群臣之能者也，此人主之所执也。法者，宪令著于官府，刑罚必于民心，赏存乎慎法，而罚加乎奸令者也。"然则为术者，与道家相近；而为法者，与道家相反。亦有兼任法术者，则管子、韩非是也。

先生云：《韩非·显学》篇云"今世之学士语治者，多曰与贫穷地，以实无资"，是即近世均地主义。

著书定律为法家，听事任职为法吏。

兵家第六

言兵莫如《孙子》，经国莫如《齐物论》，皆五六千言耳。事未至，固无以为候；虽至，非素练其情涉历要害者，其效犹未易知也。

古者蹴鞠列于技巧；《汉·艺文志》，兵家有《蹴鞠》二十五篇。碁埶、皇博列于术蓺。《隋·经籍志》，兵家有《碁埶》四卷，《皇博法》一卷，此犹近世之兵碁尔。不知者以为娱戏，其知者以为民性有兵，不能常用于寇，故小作其杀机，以导其性。与儒者之乡射，其练民气则同。

先生云：诸葛亮专任法律，与商君为同类。故先主遗诏，令其子读《商君书》，知其君臣相合也。

纵横家第七

从人横人之事，秦皇一统而后，业已灭绝，故《隋书·经籍志》中，惟《鬼谷子》三卷。

杂家第八

先生云：杂家者，兼墨儒，合名法，见王治之无不贯。此本出于议官，彼此异论，非以调和为能事也。

小说家第九

《世说》虽玄虚，犹近形名，其言间杂调戏，要之，中诚之所发舒。

自明以来，文人夸毗，惟怀婚姻，自诩风流，廉耻道丧，于是有《秘辛杂事》《飞燕外传》诸作。浸淫至今，而其流不可遏，反古复始，故亦有其雅者。近世小说，其为街谈巷语，若《水浒传》《儒林外史》；其为神怪幽秘，若《阅微草堂五种》：此皆无害为雅者。故知小说有雅有俗，非有俗无雅也。

阴阳家第十

阴阳家亦属宗教，而与墨子有殊。盖墨家言宗教，以善恶为祸福之标准；阴阳家言宗教，以趋避为福祸之标准：此其所以异也。

管辂论五行鬼神之情，多发自然，似阴阳家。

艺术第十一

书　画

余问太炎先生曰："竹篱茅舍，孤舟野渡，寒山落木，以之入画，别有风致。而欧风建筑，则艰于下笔，何也？"太炎先生曰："自然之美，足以怡人，不假工巧，故操绘事者，取此而去彼也。"

先生云：清人篆书，惟钱献之合六书，余多不免写别字。

余曩为《书画鉴》成，质正于先生，先生见有异同，辄为评论，旭初以全书采入《华国月刊》，他日当与余诗文杂著，共辑为丛编刊行，记《鉴》中论书一条云："三代彝器所刻，字体古朴遒劲，自有一种风范。后人极力模仿，难得神似。此固由时代使然，亦因彼时用刀不用笔也。其特种技术，今已失传，且只可视为一种雕刻术。今人如李梅庵辈，极力摹仿散氏盘铭、毛公鼎，欲代刀以笔，代金石以楮墨，为一时好奇计则可，非书法正宗也。"先生评之曰："雕刻与楮墨虽不同，然石鼓自唐已重之，摹拟者固难逼真，规模意度，终须由此而出。夫岂但三代彝器哉，汉碑亦未必先书丹也。"又曰："凡学古人而不能逼肖者，非从刀笔之殊，即笔亦古今有异。率更之书，近世岂有得其仿佛？乃《唐石经》积字数十万，未必皆书家为之，而笔势实与率更无异。此可知古今之笔不同，故古今之书各异也。"

石　经

先生云：《三体石经》，篆文严整有格，而古文旖施舒卷，自然妍美。盖其始成于毫翰，一笔书之，刻成而不恣于素。故与铜器之文先为型肠、合土成体、直施錾凿、锋利失制者异法。

方伎第十二

经　脉

先生云：藏府血脉之形，昔人䩮尝解剖，而不得其实。此当以西医为审。五行之说，昔人或以为符号，久之妄言生克，遂若人之五藏，无不相挈乳，亦无不相贼害者。晚世庸医，藉为口诀，则实验可以尽废，此必当改革者也。中医之胜西医者，大氐伤寒为独甚。温病、热病，本在五种伤寒之中，其治之则各有法，而非叶天士辈专务甘寒者所能废也。

方　书

先生云：有肺痿西医称不治者，仆以钟乳补肺汤为丸疗之；有里水，西医放水至三次仍不愈者，仆以越婢加术汤疗之，皆全愈。

先生云：肠臃用大黄牡丹汤，与刮割无异；霍乱用四逆汤，与盐水注射无异，所谓异曲同工者。

释家第十三

先生云：佛家说五识身外与境触，以逮善恶成就，前后相引，略有五心。初率尔坠心，无间引生寻求心、决定心，此物格而知至也。决定心后，于怨住怨，于亲住亲，于中住舍，命之曰染净心，于此持续，有善不善转，命之曰等流心，此皆诚意也。

先生《建立宗教论》，主教以唯识为宗，谓士人之拜孔子，胥吏之拜萧何，匠人之拜鲁般，衣工之拜轩辕，彼非求福而事之，以为吾之学术，出于是人，故不得不加尊礼，尊其为师，非尊其为鬼神。虽非鬼神，而有以崇拜之道，故于事理皆无碍。自非法相之理、华严之行，必不能制恶见而清污俗。

情界之物，无不可坏；器界之物，无不可变，此万物无自性也。

言有鬼则为常见；徒言无鬼，不知中阴流转，则为断见。

诸子源流第十四

先生云：诸子出于王官，惟其各为一官，奉法守职，故彼此不必相通。

魏晋人本以老、庄为宗，神仙则其所假䴽耳。汉世方士，虽亦间托老庄，如张陵、张鲁所为者，此则巫道惑之，又与神仙有异。

中西学术，本无通途，适有会合，亦庄周所谓射者非前期而中也。

魏晋间，言玄理者甚众，及唐务好文辞，而微言几绝矣。

上观皇汉，智慧已劣于晚周，比魏晋乃稍复。远西中世，民之齐敏，愈不逮大秦。时越千载，然后反始，差较之节，亦甚远矣。徒局促于十世以内，以为后必愈前，亦短于视听者也。

刘劭次《人物志》，姚信述《士纬》，魏文帝著《士操》，卢毓论九州人士，皆本文王官人之术。

先生云：庄生之玄，荀卿之名，刘歆之史，仲长统之政，诸葛亮之治，陆逊之谏，管宁之节，张机、范汪之医，终身以为师资。

仲任论次人材，鸿儒通人，本与儒者有别。汉世儒者，墨守一先生之说，须以发策决科，此专持家法者也。

学术与事功不两至，鬼谷言纵横，老聃言南面之术，期于用世，身退藏于密，何者？人之材力有量，思深则业厌也。

治经训者必通六书，步天官者必知九数，为墨道者必取名理。

文　学

诗文别集第一

魏晋南北朝隋

一日，余过先生，先生正览陆士衡《吊魏武帝文》，至"雄心摧于弱情，壮图终于哀志，长筹屈于短日，远迹顿于促路"，先生指示余曰："此虽吊文，抑何似谤书也！"焘按：士衡家世在吴，累叶将相，羽翼吴运。士衡以瑚琏俊才，直国灭家丧，不能展用佐时，既以孙皓举土委魏，作《辨亡论》以著其得失，其发愤讥评武帝，正言若反，非无病而呻也。

先生云：晋人善言名理，而施之诗，则无佳致。观兰亭禊集倡和诸作，如出一手，略无佳句。

唐

先生云：陆宣公奏议，剀切详明，自成一格；微伤于冗，加以剪裁，则尽善矣。

先生云：诗人穷如子美，亦云至矣。傥无子美之穷，而漫效之，非修辞立诚之道。

宋金元明

先生云：宋人五言律诗，其佳者入唐人之室，次亦可仿佛。若七律，则气体不振，迥判鸿沟。

余问先生曰："万季野《明史》，文章尔雅，远过其师黄太冲，何也？"先生曰："《待访录》在太冲生平述作中，已为佳制，他文更不足观。"

先生一日阅明人奏议，指示余，谓："明人奏议，有时语气粗厉，直同漫骂，施之侪辈，尚为不可，而当时漫不为怪，何也？"

先生云：杨椒山妻请代夫死疏，出王世贞手笔。

先生云：诗人当通小学。明时七子，宗法盛唐，徒欲学其风骨，不知温醇尔雅之风，断非通俗常言所能刻画。

清

曾忆数年前晏先生于寓庐，出船山诗集质先生。先生曰：船山之诗清。可谓一字之褒。

先生云：清诗如王、朱二家，以运用僻典为能事，造字遣辞，不能由己。

先生云：古人之诗，皆有为而作。清代王贻上、朱竹垞平均计之，几日一诗，流连风景之不足，品题碑版，抚摩金石，亦皆以长篇纪之。诗之本义，荡然尽矣。

余尝语先生：王贻上《秋柳》诗出，南北名士，几皆属和，岂其诗为感于宏光南都之覆而作与？先生曰：原倡如"残照西风白下门"，"相逢南雁皆愁语"，"朱门草没大功坊"，则略似有所指，余则填塞故实，疑莫能明也。

先生谓：毛西河诗特有清奇之趣，视朱竹垞为胜，可为二家定评。

先生云：姚姬传大父以明部曹降清，故鲜于明末忠逸，尠所表扬。

先生为余言：碑志之文易作，而铭难工。清代作者，曾涤生差胜。焘按：《海军总长程君碑铭》《大总统黎公碑铭》，直凌轶伯喈，为先生最惬心之作。

现　代

旭初云：见先生草《庐山志序》，咄嗟之顷，不加点窜，当代宗匠，见之失色。

旭初云：先生尝谓："碑志之文，近无能手。"或问先生，他日表墓之文当谁属，先生不语。顷之，其人又曰："然则季刚何如？"先生曰："季刚之文枯槁。"不及其他。

汪旭初言：马君宗霍从先生榷论近日文笔，先生以马君籍湖南，乃曰："王湘绮为能近雅，曾涤生为能近俗。"因进曰："先生之文何如？"先生曰："吾文在雅俗之间。"先生既殁，旭初过余，见余述先生雅言，告余记之。

余问先生曰:"自明陈氏之《皇明经世文编》出,而魏氏有《清经世文编》之辑。魏氏之书,学者薄其陈腐,不肯寓目。然清代政制尚茫然,则立法议政,其隔阂者多矣。"先生曰:"魏氏之书而外,近人缪荃孙为盛康所选之《清经世文续编》,亦可供学人之浏览。"余为《华国》杂志撰《改革学制私议》,先生见之莞尔曰:"是文当入《民国经世文编》。"

文评第二

通 论

余著《唐人诗谏论》,见《华国》第二期第九册。先生评之曰:"晚世之士,日趋于放僻邪侈而不反者,非徒风俗浇薄使然,实由诗教衰息,无止僻防邪、宣德达情之用耳。"

先生云:凡习国文,贵在知本达用,发越志趣,空理不足矜,浮文不足尚也。中学诸生,年在成童以上,记诵之力方强,博学笃志,将从此始,若导以佻奇,则终身无就。

先生云:诗自有别才别趣,苟非其人,虽习亦无效。

先生论文云:工拙繁乎才调,雅俗存乎轨则。若轨则尚不知,虽有才调,亦无足贵。与其俗而工,毋甯雅而拙。

先生论诗,多本《诗品》,季刚《文心雕龙札记》云"往为《诗品讲疏》,亦未卒业",惜哉。

先生云:文章虽与风俗相系,然寻其根株,皆政事隆污所致。怀王不信谗,则《离骚》不作;汉武不求仙,则《大人赋》不献。

余问太炎先生曰："史至班、马，诗至李、杜，终不能过之。岂进化之说，至文学而倒行耶？"太炎先生曰："文学之事，去古愈近，故书雅记，采拾即是，取精用宏，一也。良师益友，胜义纷披，观摩切磋，久而益进，二也。其人皆旷代逸才，废绝人事，锲而不舍，三也。且西方言文艺者，艳称希腊、罗马，不独中夏也。"

先生云：作史须能成书、志，属文当能兼疏证。

体制源流

先生文章，上规秦汉，下凌魏晋，然亦不薄归、方。一日见先生为钱贾草文，首叙飞钱，余曰："归熙甫为人作寿序，无以下笔，乃言山水。先生述及飞钱，岂亦效熙甫邪？"先生笑曰："文章流别，至此而穷，不容不变也。"

中国自古无无韵之诗，有之，自胡人史思明始。思明得樱桃，未知诗而欲作诗，乃曰："樱桃一篮子，一半青，一半黄，一半与怀王，思明之子。一半与周挚。"思明用事之臣。人曰："何不以怀王与周挚，上下易之，则成韵矣。"思明大怒曰："岂可使周挚居我儿上耶！"此事相传以为笑柄，今若以无韵诗家之说评之，则思明乃不误，而笑之者真误也。然乎？否乎？

文　法

辞典当分辞性。而日本九品之法，施于汉文，或有进退失据。

形容语有三种：一曰叠韵形容语，一曰双声形容语，一曰连字形容语。大都本无其字，依声托事者。别有单字形容语，如瑟兮僩兮，赫兮煊兮；有连义形容字，如飞扬反侧，陵厉清明。此皆本有其字，不在斯例。若叠韵之宛转，双声之忼慨，连字之煌煌、昭昭，亦或本有其字，然无字者为多。叠韵者如优游、委蛇、从容、契阔是也；双声者如猗违、容与、解垢、突梯是也；连字者，如便便、钦钦、番番、踖踖是也。此与转注无涉。自古未尝制字，但用触口成声，用相比况而已。所以者何？万物之现象有穷，而人心之比拟无尽，若一一为之制字，则繁于创造，是故依声、托事而止。此二者皆本无其字者也。本有其字者，如近世仍用之字，多借同音同部同组者，以代正文。如𠃊皆作左，又皆作右，𠂹皆作前，㘱皆作深，旱皆作厚，叀皆作专，㪔皆作散，以及古今载籍，随分应用者，无不如是。

诗　话

唐人绝句，不用故实，可被之管弦。《杜工部集》中绝句，非其至也，不当效之。先生《十三年上巳过邹威丹墓》云："落魄江湖久不归，故人生死总相违。只今重过威丹墓，尚伴刘三醉一围？"先生生平尚志节，弟视威丹，故诗云云。

先生谓诗之佳者，不须用故实，因举唐人"估客昼眠知浪静，舟人夜语觉潮生"一联，即景生情，不须故实为助。时为余与旭初言之，余与旭初，每有造作，辄以此相绳。岁丁卯，旭初游沪，住余家，贻余一律，兼怀季刚云："潮打江城白日昏，黄尘风乱起寒云。扁舟散发知无地，青眼高歌尚有君。壮士不还空放仗，书生长贱是多文。愁心忽寄沧波外，一雁哀鸣自索群。"余以质先生，先生曰："得之矣。"

王右丞诗，悠然意表，似尘外人语。先生庚申秋《长沙何氏园作》云："君是云中人，来卜云麓舍。草树蔽埃壒，舲舸永晨夜。未

见云中人，棋声落岩榭。"余《上先生吴门诗》云："卅载膺门许接
茵，更从角里乞闲身。诗齐中允官先达，文拟长沙志早伸。吴苑人来
传竹简，汉廷客到促蒲轮。桃源洞口浑犹识，何日乘槎一问津？"先
生小诗，有时与右丞同工；论政之文，间规长沙。余爱陆士衡《辨亡
论》，以为论政之文，典雅壮丽，无逾于此。先生曰："是模贾傅《过
秦论》也。"余按：文有不嫌师古，即与自出机轴者，同垂千古，太炎先生拟古之
作，正是此类。

余问太炎先生曰："余尝乘轮舶、火车，所见景物，入目便逝，
虽欲追摹，艰于形状。若扁舟容与，旗亭古刹，到处勾留，则虽不作
诗，而有诗意，何也？"太炎先生曰："是固然矣，今若使子美乘轮舶
溯江，吾知其得句，终不能过'潮平两岸白，月涌大江流'一类耳。"

二十三年冬，余归自中山，《上先生吴门诗》云："见说乘桴来海
上，又闻采药去吴阊。高僧共证环中诀，弟子私传《肘后方》。岂是
五湖关活计，端因三策系兴亡。汉家他日论勋业，四皓何当让子房！"
先生报书云："奉读佳章，思欲属和，而兴采不振，仅录旧作数绝以
报。《记甲戌留园一绝》云：如此江山不可留，卅年尘迹等浮沤，应、
刘都尽陈、王老，啸树仙人是旧游。"先生自注云：园中有一青猿，是往日所
见。余和云："运序迁流等逝沤，山林江海为谁留？汉家闻说除秦俗，
早晚还同角里游。"展堂在吾党中，有子房之目，今展堂与先生先后
捐馆舍，政府褒德酬庸，明令同举国葬，余诗虽不佳，要不失为实
录也。

严君濬宣以簾乞先生书，先生戏书二绝诮之，其一《赠严濬宣》
云："钓鱼仍作客，买菜岂求多？为问钤山子，当如老祖何？"叠前韵

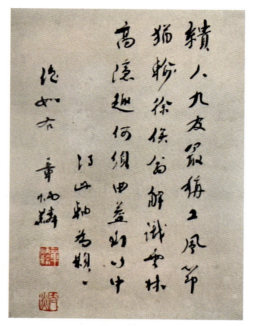

章太炎题画诗

云："一往骑驴去，何愁负债多！市头逢博士，书券且如何？"

先生见人辑钱忠介、冯簟谿二公遗集，因作口号云："丹心岂为凤阳朱，天汉兴亡在一隅。圣世即今疏法网，清遗何计觅捐躯？"

旭初于十二年秋，得檄监吴门屠宰税，先生闻而悲之，为赋诗云："尔昔作郎吏，清誉颇绝俗，失意黄绶中，监门何乃斁！侍史列卿相，高才滞舆仆。不见里社下，陈平美冠玉。"余十七年还乡，先生以诗为别，有云："衣锦楚人今乘昼，弹冠屈子亦随波。"末云："我自塞前从白鹭，斜风细雨一渔蓑。"盖惜余之去左右也。其笃于风义，多此之类。

　　先生云："老氏无为，在于任官，而非旷务。诸葛治蜀，庶有冥符。其开诚心，布公道，尽忠益时者，虽雠必贵；犯法怠慢者，虽亲必罚；服罪输情者，虽重必释；游辞巧饰者，虽轻必戮。庶事精练，物理其本，循名责实，虚伪不齿，声教遗言，经事综物，文采不艳，而过于丁宁周至，公诚之心，形于文墨。老氏所经，盖尽于此。"一日余成《读诸葛武侯传二律》云："隆中高卧日，所志在龙骧。复汉归宗杰，兴微陋蜀疆。成功原有命，应变岂非长。遗教三巴肃，甘棠咏可详。"其二云："神武窥诸夏，声威震远荒。连年勤战伐，一夕殒元良。功岂三分限，名兼八阵扬。征南碑已渺，千载尚遗光。"先生曰："此殆欲规杜工部也。"

莿汉闲话

昔人说致知格物者，皆博通坟籍之士，非于义支离，即于文颠倒。温公以为格拒物欲，最为少病，乃亦近于枯槁，非大学之教也。泰州王汝止起自灶丁，读书甚少，独知知即知所先后之知，物即物有本末之物。斯义一出，遂成千古定论。非泰州之智独过前人也，博学者记忆不专，故语在目前而有不省，寡学者终日相对惟此一编，故俯拾即是也。董遇云："书读百遍而义自见。"自古有载籍极博，而下笔不能成条理者，亦有寡学著书，反胜博学者。无他，前者失之卤莽，后者得之读百遍耳。若夫无而为有，约而为泰，吾末如之何也已矣。

学者虽聪慧绝人，其始必以愚自处。离经辨志，不异童蒙，良久乃用其智，即发露头角矣。自尔以往，又当以愚自处。不过三年，昭然如披云雾见青天者，斯后智愚杂用，无所不可。余弟子中独季刚深窥斯旨。

处官涉务，常苦无暇求学。然经记至言，所谓道之出口，淡乎无味，涉务稍久，乃知为不刊之典，其深造有过于读书者矣。王文成称知行合一，于此亦见一斑。

东原云："大国手门下，不能出大国手。二国手三国手门下，反能出大国手。"盖前者倚师以为墙壁，后者勤于自求故也。然东原之门，即有王、段、孔三子，所得乃似过其师者。盖东原但开门径，未遽以美富示人。三子得门而入，始尽见宗庙百官耳。前世如张苍门下有贾太傅，而贯长卿辈经术不过犹人。梁肃门下有韩退之，而籍、湜辈文学去退之已远，则真所谓二国手三国手门下能出大国手，大国手门下不能更出大国手也。

曩胡适之与家行严争解《墨经》，未有所决。余尝晓之曰："昔人治诸子多在治经后，盖训故事实，待之证明，不欲以空言臆决也。今人于文字音义多未昭晢，独喜治诸子为名高，宜其多不安隐矣。"时有难者曰："郭象岂通经明小学者，而注《庄子》，后来莫及。公何未之思耶？"余曰："郭氏专意玄言，自有传授，则不藉通经明小学而得之。然大体虽得，义训犹不免粗疏。今之治诸子者，本非专门，乃是从旁窥伺，如王怀祖与曲园先生皆是。然则微旨固难审知，而知者特文句耳。非得其训故，稽其事实，何由说之？"

今人谓文字不用于时者，即为死字。不悟用与不用，亦无恒准。如《说文》：牠，二岁牛。犙，三岁牛。牭，四岁牛。群书未见有用者，而清时作蒙古律用之。又尝忆少时，见有两造争地契真伪者，老吏批牍言所呈文契纸色蔫旧。时余初习《说文》，不甚省记，问蔫字何义？答云："俗称颜色不鲜曰蔫。此字是也。"归检《说文》云：蔫，菸也。菸，郁也。乃知吏判实有由来，此类甚多。类篇已列五万字。原其始造，必有是语然后制是字。虽古今语变，日有淘汰，亦当日存二三，穷询方语，自可周知，安得悉为死字哉？

文以载道，今人多不喜其说。余谓文安能篇篇载道，要当不为非道之言。然则道、墨、名、法，自儒者视之，为道耶非道耶？此则道之为言，条流至广。彼诸子者亦各自以为道，恶得以儒术一概排之。

章太炎自用"菿汉"文鸡血石印

若尔,传奇平话,复为道邪非道邪?夫苟为无裁制之言,则传奇平话无非文,虽薋稗屎溺亦孰非道也?

《楚辞·天问》:圜则九重,孰营度之?其义本不可知。而明清间远西谈天者,有九重玻璃天之说。戴东原颇采其说以注屈赋,唯不云玻璃耳。是说今虽已废,可知当时远西学者,拘滞已甚。案庄生云:天之苍苍,其正色耶?其远而无所至极耶?已疑天体之非实有。《晋·天文志》述汉秘书郎郗萌记先师相传宣夜说云:天了无质,仰而瞻之,高远无极。眼眚精绝,故苍苍然也。譬如旁望远道之黄山而皆青,郗察千仞之深谷而窈黑,夫青非真色,而黑非有体也。日月众星,自然浮生虚空之中。其行其止,皆须气焉。是以七曜或逝或住,或顺或逆,伏见无常,进退不同,由乎无所根系,故各异也。郗在庄后,竟以天为无有,而下距明清间已千四百余年,乃其所见卓荦如此。彼言玻璃天者，亦可愧矣。

中土论时病，率谓因于风寒暑湿，而远西以为热病皆由细菌。余谓此方智者，盖已亿度及之，以无实证，故医家不用耳。据宋玉《风赋》以大王之雄风、庶人之雌风分言，由风之所过有异，故宁体便人与为病亦殊。其论庶人之雌风云："塕然起于穷巷之间，动沙堁，吹死灰，骇溷浊，扬腐余。故其风中人，欧温致湿，生病造热，中唇为胗，得目为蔑。"是风非自能病人，由其所传浊溷腐余为之，则与空气传播细菌之说不谋而同。又推溯之，《素问·生气通天论》云："风者，百病之始也。清静则肉腠闭拒，虽有大风苛毒，弗之能害。"苛毒与大风并言，所谓自空气传致者，非乌头野葛之伦可知。案《说文》："苛，小草也。""毒，害人之草，往往而生。"害人之小草，非细菌云何？惜当时无显微镜，无由实验，故说多支离不能专守耳。

王小徐季同以佛法难惟物学说。余因问曰："所以知惟物者，信现量耶？信比量耶？"曰："彼谓推论至极，非物莫属，则所信者比量也。"余曰："若尔，亦可为景教辩护。以为推论至极，非上帝莫属也。盖物之本质，所谓电子原子者，本不可见闻。而上帝亦不可见闻，则彼此无以相难矣。惟物之说，只可局论矿物耳。若动植诸物，化分之固皆矿物所形成。而生物学家不许言有机物为无机物所化，是则动植之力，能摄取矿物以供己之材料。其能摄取者，则必在矿物以外矣。或谓之生理，或谓之生机，在佛法则谓之阿陀那识。苟舍佛法而他求之，展转推论，亦可归之上帝。一因矿物而推致电子原子，一因动植物而推致上帝，宁不可立为二元耶？唯上帝帝释与梵天王等，执着名称，堕入人格。而景教所谓七日造世界者，尤为鄙浅。造化之称，见于《庄子》，远视彼等诸名为超越。因而用之，则必可与惟物论分峙矣。"

长沙叶奂彬德辉富于藏书，善辨真伪，而拘牵宋本，谓字字皆直千金。又牢守汉学，不肯改移。余尝问之曰："宋本《说文》云：中，而也。君信之乎？"答曰："信之，而训颣毛，而上崰横竖二画，本象鼻际人中，则知中之本义，当为人中。且从本从丨，引而上行读若囟。由人中引而上行，则头会脑盖也。不得宋本，何由明之？"奂彬又言："君治小学，好言双声叠韵，是乃永明诗人之说，不当糅入小学。"余曰："郭冠军婢能作双声语，则知双声本是常称，非永明诗人所造。但其名出晋后，汉人未有耳。"奂彬言："汉人所无，言汉学者即不当采。"余曰："岂特双声，反语起孙叔然。汉人说经亦不用也。如君意，必当言读如某、读若某耶？"应曰："然。"此二事可谓通人之蔽。

王壬秋记曾湘乡评曲园先生语云："荫甫可谓近代闻人，犹未得与于作者也。"案作者之谓圣，先生何敢当？即大儒如孟、荀，次如二刘、贾、许，后人亦岂易企也？然目以闻人，义亦未契。此正俞理初辈当之。先生虽广涉群书，先务自有所在，与夫泛滥记诵无所归宿者固殊矣。当云近代经师，不当云近代闻人也。

李莼客、王壬秋，相传并是肃顺幕客，而李颇讥王为江湖游食之徒。今谓博闻广见，常识完具，李自胜王。若以文辞相校，李之不如王亦远矣。盖其天性妒媚，于并时学者，无不吹毛索瘢，非徒壬秋一人而已。余尝谓宋代小说最知名者，莫如《容斋随笔》。时俗小说最知名者，莫如《红楼梦》。二者不可得兼，能兼之者，其惟《越缦堂日记》乎？

《唐语林》柳八驳韩十八《平淮西碑》云：文有冒子，若我为之，便说讨叛矣。自来评是碑者，皆以不特叙李愬功为病。姚铉特载《段文昌碑》，而置韩碑不录，亦以事实不详尔。若品藻文字，未有如柳侯之深至者，韩闻之当亦泬然心服也。然柳作《封建论》发端云："天地果无初乎？生人果有初乎？"亦是冒子。乃知文章通病，虽至精者不能免。

策锋出而平文衰，四六兴而俪辞坏。方、姚以来，平文渐起，俪辞尚多神杂。汪容甫出，苦欲上规晋宋，单复并施。然观晋人文字，任意卷舒，不加雕饰，真如飘风涌泉，绝非人力。《萧选》以沈思翰藻为主，故所弃反多尔。容甫刻意铸词，转近方幅。于《萧选》所录者尚多惭色，况其未录者也？

读古书须明辞例，此谓位置相同，辞性若一，如同为名物之辞，或同为动作之辞是也。然尚有不可执者，《论语》发端便云："不亦说乎？不亦乐乎？不亦君子乎？"君子与说、乐辞性岂得同耶？或者拘挛过甚，同为名物，尚以天成、人巧，动物、植物，琐细分之，流衍所极，必有如宋人说《滕王阁序》以落霞为霞蛾者。高邮王氏父子，首明辞例，亦往往入于破碎。如《秦风》"终南何有？有纪有堂"，与"有条有梅"相偶，同为名物之辞。王氏以其属对未精，必依《白帖》改纪堂为杞棠。《商颂》："受小球大球"，"受小共大共"。《传》曰："球，玉也。共，法也。"亦间为名物之辞。王氏又以属对未精，必依《大戴记》一本及《淮南》高诱注改共为拱，引《广雅》"拱，球，法也"说之。苟充其类，则霞蛾之说亦不可破矣。

《诗·商颂·长发篇》"受小球大球","受小共大共",《毛传》球训玉，共训法，自有据。案吕氏《先识览》："夏太史令终古出其图法，执而泣之，乃出奔如商，汤喜而告诸侯曰：'夏王无道，守法之臣自归于商。'"此所谓受小法大法也。《书序》："夏师败绩，汤遂从之，遂伐三蝬，俘厥宝玉，谊伯、仲伯作《典宝》。"此所谓受小玉大玉也。盖玉以班瑞群后，法以统制诸侯，共王之守莫要于此，是以受之，则"为下国缀旒"，"为下国骏厖"矣。《逸周书·世俘解》说武王克殷，亦云矢珪矢宪，其意并同。凡观古者当先核其事，次求其义，非徒以虚文笼罩而已。王氏据《广雅》拱球并训法，此或三家诗有之，要未得其实事也。

《诗·邶风·新台篇》："籧篨不鲜。"《传》曰："籧篨，不能俯者。"又云："得此戚施。"《传》曰："戚施，不能仰者。"此本《晋语》为说。而《尔雅·释训》则云：籧篨口柔也。戚施面柔也。王氏从《尔雅》说，驳《毛传》云："岂有卫宣一人兼不能俯不能仰二疾者乎？"案《毛传》从《晋语》不从《尔雅》，取舍之旨不可知。若谓一人不能兼有二疾，不知偻尪之病，今有所谓鸡胸龟背者，欲俯则碍于胸，欲仰则碍于背，正是二疾兼之，王特未审此耳。

《公羊·隐公传》："自陕而东者，周公主之。自陕而西者，召公主之。何解？陕者，盖今弘农陕县是也。"《释文》：陕，失冉反。一云当作郏，古洽反。王城郏鄏，《唐扶》颂分郏之治，字亦作郏，则汉代所传已有两本。成王定鼎于郏鄏，以为天下之中。周、召分治，自宜以此为界。然作陕亦非无说。陕即今陕州，其下四十里，有底柱之险，常漂溺漕舟。汉杨焉、唐李齐物两次凿之，石堕水中，激水愈怒，竟改为陆运焉。其上六十里，即函谷关。自汉武而上，此百里涧，皆为陕县地。水湍陆隘，实天下之险，故令周、召扼之，则王公守国之道也。然武王犹云未定天保者，周之盛德，在得周南。其地北起洛阳，南至南阳南郡。今守险于陕，则周南反在规外。是故更建洛邑，而分陕之任废矣。分陕盖文王时事，所谓阪尹者是也。

《史记·秦始皇本纪》二十七年，作信宫渭南，已更命信宫为极庙。案《春秋传》再宿为信，《诗》言有客信信，则信宫者暂宿之宫，秦都咸阳，本在渭北，故渭南只暂宿尔。若汉太后所居名长信宫，则以后无外事，终身宿此不移也。

秦本伯国，设官与天子不同。及并天下，因而用之，非特自立异也。然如御史、内史、太仆皆本周官，而奉常特司常之变耳，典客即掌客之异名耳。

或疑《老子书》为七国人伪作，以其书称万乘之主，称偏将军、上将军，春秋时大夫称主，不通于天子诸侯。将军之名，亦起周末也。案《春秋内外传》大夫称主者，为对面相呼之称。若泛语则不专系大夫。《书·多方篇》三言民主，是天子亦称主也。《春秋·成公传》：士之二三，犹丧配偶，而况霸主？霸主将德是以，而二三之，其何以长有诸侯？是诸侯亦称主也。《老子》书本是泛语，岂得以对面相呼之称概之？将军名起春秋之末，《左氏·昭公传》云岂将军食之而有不足。又《大戴记》有《卫将军文子篇》，其人亦与孔子同时，则非七国时始有此称也。惟偏将军、上将军之目，春秋未见，盖老子自据楚制尔。

《管子·地员篇》：夫管子之匡天下也，其施七尺，后有一施七尺而至于泉，再施二七十四尺而至于泉，至二十施百四十尺而至于泉始止。旧注：施者，大尺之名，其长七尺。案泉在地中，非尺可量，此施乃以凿地者，其长正七尺耳。据《说文》：铊，短矛也。《方言》作鏉。《荀子·议兵篇》：宛钜铁鉇，惨如蠭虿。杨倞注：鉇与鏉同，矛也。《史记·礼书》引之，作"宛之钜铁，施钻如蠭虿"，《管子》"施"字，与此正同。盖以铁把短矛长七尺者刺地求泉，与今人开井新术用铁锥刺地者正同。

《楚辞·离骚》："吾令丰隆乘云兮，求宓妃之所在。解佩纕以结言兮，吾令蹇修以为理。"注：蹇修，伏羲氏之臣也。案上古人物，略具《古今人表》，不见有蹇修者。此盖以上有宓妃，故附会言此耳。今谓蹇修为理者，谓以声乐为使，如《司马相如传》所谓以琴心挑之。《释乐》徒鼓钟谓之修，徒鼓磬谓之蹇，则此蹇修之义也。古人知音者多，荷蒉野人，闻击磬而叹有心。钟磬可以喻意明矣。

昭明序《陶征士集》以《闲情赋》为白璧微瑕，故《文选》不录狭邪之什，然于赋独标情目。《洛神》一首，旧记妄称感甄，何屺瞻已知其非，谓魏都洛阳，洛神乃指魏帝，其说龊矣。《高唐》、《神女》，本一赋分为上下，其词淫艳，若更甚于《洛神》者。顷王壬秋谓高唐齐地，玉因怀王以绝齐交致祸，故讽襄王使结婚于齐。巫山据楚上游，盖欲迁都其地。所说大体近是，然谓高唐齐地则非。案其赋云："楚襄王与宋玉游于云梦之台，望高唐之观。"则高唐是楚观名，绝不属齐。后言"惟高唐之大体兮，殊无物类之可仪比。巫山赫其无畴兮，道互折而层累。"以高唐巫山并举，则知地本相近。此二赋但说一事，于齐无与也。寻《楚世家》怀王至秦，秦闭武关，因留怀王，要以割巫黔中之郡，怀王不许。及顷襄王立二十一年，秦将白起遂拔我郢，烧先王墓夷陵，楚襄王兵散，遂不复战，东北保于陈城。二十二年，秦复拔我巫黔中郡。盖巫郢一航可达，所谓朝发白帝，暮宿江陵，楚上游之险，惟在于此。怀王虽被留，犹不肯割以予秦。襄王既立，宜置重兵戍守，而当时绝未念及，故玉以赋感之。人情不肯相舍者，莫如男女，故以狎爱之辞为喻。然《神女赋》但道环姿玮态，《高唐》则极道山川险峻，至有"虎豹豺兕失气恐喙，雕鹗鹰鹞，飞扬伏窜"诸语，岂叙狎爱者所当尔乎？此二赋盖作于襄王初载，至二十年后，其事乃验。吴陆抗临终上书，称西陵有失，则荆州非吴有也。玉之所见，大氐类此。

湘人云：道州象祠至今尚存。昔王文成记其事，以明人性本善。此纯儒之语，非其实也。象虽傲很，其就封必有官卫羽仪，而天子又使吏治其国。蛮夷之人，乍见中原文物，自尔壹心内附，文教始开，象之往恶，非彼所知，而近功则已荦荦可见。微象就封，虽儒宗如周茂叔，工书如何子贞，亦终椎髻而已。崇德报功，事固宜尔。又云：九嶷舜庙，前代常遣官致祭。及民国祀典不举，而蛮人馨香祷祝，至今不衰。此则明德当祀百世，更非象庙比也。

杨子云："诗人之赋丽以则，辞人之赋丽以淫。"然杨子暮年，但能绝之不为，竟不能为其丽则者。《太玄》、《法言》拟《易》、《论语》，赋亦有荀卿可拟。卒无一篇，何也？温雅者独有《官箴》尔。

语　录^①

一

或以《儒行》为伪书，亦无碍。篇中所述，皆儒所应如此者，何必斤斤辨其真伪哉？

二

晏平仲实近儒家，后人强以归入墨家，乃因墨家称崇晏子故耳。晏子之同于墨家者，仅在一俭字。

三

近人喜讲墨子《经说》，想系爱其文字深奥，实则墨学精萃，不尽在此，乃致有买椟还珠之憾。

四

臧文仲亦是墨家。大概鲁国在孔子未出之前，墨家之势甚盛。

五

纵横家出于行人者流，此行人非《周礼》之大行人，盖凡曾出使者，皆得称行人也。

六

《世说新语》有哲学思想，《梦溪笔谈》有科学思想，此亦小说家中之佼佼者。

----

① 一至九〇据《余杭先生语录》，皆徐澂记；九一至一〇七据《制言》第二十二、二十四、二十六、二十七、二十九、四十四期，皆孙世扬记。

七

《纲鉴易知录》昔为商贾幼童诵记之书，不为学者所重。而今之熟是书者可为历史大家矣，可笑孰甚？

八

近日桐城马其昶提倡讲三部书，即《孝经》、《大学》、《中庸》。余意治人已可，不必论天。《中庸》讲天，似可去之。应增入《儒行》，以励气节。

九

曾国藩得力于《文献通考》，胡林翼得力于《资治通鉴》，左宗棠得力于《方舆纪要》。

一〇

左宗棠为林文忠公所举，曾国藩为穆彰阿所举，故左恒鄙曾。

一一

历史能运用各种学问，乱世尤须注意。

一二

中国九流中无纯粹哲学者，亦无纯粹宗教者。如墨子宗教家，亦讲政治；庄子哲学家，亦言政治。史书、子书两相贯通之理，即在于此。

一三

古无在野师，故弟子事师如仆从。孔子不为鲁司寇，恐亦无如许

章太炎篆书扬雄《太玄经》轴（起首钤"菿汉"印，落款钤"章炳麟印"印）

学生。其后流风所播，遂有在野之师。

一四

九流盛于战国，儒家实导其源。使在官之学问一变而为在野之学问，孔子之力也。

一五

庄子于孔子，有讥有誉，但对颜渊则绝无贬辞。

一六

古之春夏不决囚，必于秋冬者，似有阴阳家意味。

一七

中国向重人事，八卦虽表天地，然亦不指物而言，乾健也，坤顺也，皆人事也。中国学问之统系，亦即由此而来。

一八

晋人清谈，亦不敢十分反对礼教，虽有刘伶、阮籍之徒，究属少数。

一九

爱国者实爱人民，爱人民乃由家庭爱起，即由爱父母兄弟而组成爱国家之观念。故爱国者不可不读《孝经》。

二〇

孟子"爱亲敬长"，即后之所谓"良知"。

二一

王学中罗近溪。亦谓"良知"不过是"爱亲敬长"。

二二

从前人学问，走入魔道者多为五行阴阳所惑。今人学问之走入魔道者多，坏在疑古太甚。疑古须有根据，如史载后稷之生，汉高祖之生，此种神话，固不可信。然倘无根而疑，亦何异痴人梦想？古称疯病曰疑疾，其亦此意软？

二三

近有人倡汉族西来之说，言中国人种由巴比伦来，因巴比伦用象形文字，中国亦用象形文字。此说似近似。但两地相距甚远，而相距之间之民族并不用象形文字，知此则不为是说所惑矣。

二四

圣贤迭出，文化演进，正如花开有序，菊、梅不必同时。

二五

权术与诈谋不同，三代亦未尝不用。

二六

所谓"先觉"、"好谋而成"，皆用权术也。

二七

道、儒皆有权术，道家则明白教人，儒家则不言于口。

二八

太史公评管仲曰"因祸而为福"，"因谋而为功"，斯为道家之妙。

二九

管仲佐桓公，奏一匡九合之功。范蠡教句践，张良辅刘邦，皆以柔制刚，而功成身退，如出一辙。此皆道家权术之妙用。

三〇

伊尹、太公皆道家，可知道家不限出于史官也。

三一

老子为柱下史，熟知古今成败之理，于是著五千言。故道家于成败之机最为灼然。

三二

后人读经，往往将实语作空解。如"天禄永终"，明明示不传于己子也，空解则谬矣。

三三

唐蔚芝问余哲学、理学异同，答曰：一空谈，一实行。

三四

欧洲哲学真如清谈一样。

三五

《春秋》仅有褒贬，《左传》则论成败。

三六

学问如武器，须人运用。

三七

墨家好言鬼，所以出于清庙之守也。

三八

王壬秋说经，摹拟郑、毛文，然亦多有不能了然者。

三九

当今之世，宜言常道，不宜多讲性理。

四〇

理学大别之。曰程、朱、陆、王，至清则再分为颜（习斋）、李（刚主）、彭（尺木）、罗（台山）。

四一

六经皆史，信然。《史》、《汉》中已有礼、乐、书志，太史公见解毕竟高人一着。

四二

非惟六经皆史，四部中子、集两部，亦何者非史哉？

四三

太史公作《司马相如传》，着墨不多，而录赋数篇实之，可称诗史。

四四

韩非子叙事，最明白易解，其引历史处亦甚多，堪称一代史家。

四五

汉碑鲜叙事，撰者不过略加考语而已。

四六

汉须太守始可称府君。

四七

南朝不许立碑，乃以墓志代之。至唐朝则墓志渐盛。

四八

苏东坡因贬不得立碑，故子由为兄撰墓志。此志长有四五千字，当时或未刻石。

四九

《周礼》赋税甚重，皆十取一。何以如此？曰：王畿千里。千里之外，虽属辖地，但不征其税。而朝聘祭礼之事，所需殊繁，仅征王畿一隅之税，以行全国之事，故不得不重税以济之。王安石不明此意，取《周礼》理财之法以行新政，宜其败矣。

五〇

《周礼》祭祀独多，徒縻财力，无裨实际。

五一

史籀作大篆，所以同天下之文也，出代古文而行。三体石经依古文不依籀文，知孔子传经仍用古文。

五二

《说文》云"秦焚书之后，古文由此绝焉"，此言不过指其大概耳。实则秦火未曾灾及卜筮、医学、种树之书。且始皇三十四年焚书，三十七年崩，二世元年陈涉已揭竿起事，首尾仅四年，古文当有存者。迨汉之世，故老犹在，识者尚多。故太史年十岁而通古文。《史记·封禅书》、《汉书·郊祀志》称汉武得古铜器，李少君以为齐桓公时物，已而验其刻，果然。此皆古文流传未绝之证。

五三

汉代经学盛，而小学反衰。

五四

金石学之开端，始于北宋欧阳修之《集古录》，然其释文亦多无根据。

五五

清儒以六书解释钟鼎，已嫌臆测。今或用甲骨为证，更是穿凿。

五六

钟鼎之字，当时但重美术，不必依六书之正也。此不独钟鼎为然，秦碑亦然。后世碑版亦多破体。

五七

今人有以钟鼎改《说文》者，可谓大谬。盖钟鼎之字，不可尽知，考释之家，尤多臆说。

五八

释文之可笑者，可举一笑话以明之。设有一"天"字，见于钟鼎，人皆不识，或竟以为"大"字。若以六书释之，更可释作"牛"字，因天字从一从大，《礼记》曰："牛，一元大武"也。

五九

若谓《说文》中字字无误，亦不尽然。如十干、十二支，亦似近附会。

六〇

大抵最初之文皆有韵，如《尧典》之类，其后文乃渐趋于散。

六一

《尚书》犹如汉碑，多质直语。

六二

《尚书·皋陶谟》乃议论文，于此可知议论文之发创甚早。

六三

议论文盛于七国，汉时议论文已渐退化，仅能作奏议而已。

六四

《春秋》出而叙事之文乃备。

六五

魏晋因清谈盛行，而长于作名理之文。

六六

文有世禄之文，豪杰之文。豪杰之文虽多谈王说霸，但亦未必一定无规矩。如汉之贾谊，唐之刘蕡，宋之叶水心，皆豪杰之文也。

六七

文章纵不能入秦汉之室，亦当贯通唐宋八家。

六八

列传与碑志之别，列传乃史官之文，碑志乃文人之文。

六九

议礼文不可乱作，非深于三礼，阅尽唐宋礼书者，则落笔动辄得咎。谈命理之文亦不易作，非有哲学思想不可。

七〇

《通典》多议礼之文，说理有识见，可看。

七一

唐宋八家文，只有韩、柳不俗，其余皆不能免。

七二

欧阳修《昼锦堂记》"仕宦而至宰相，衣锦而归故乡"，俗即在此二"而"字。

七三

恽子居曾骂苏子瞻"一言而为天下法"一语大有八股气。

七四

昌黎、河东两家不擅作考据文。

七五

寿序之作，创于明之归熙甫。

七六

王弇州集中多奇节异行传，归熙甫则喜与老学究伍，故生平无奇文。

七七

清好兴文字狱，故有清一代学者，论史多考据，而少议论也。

七八

恽子居文堪称雅健，其雅则可学，其健则不可学。

七九

韵书始于晋之吕静《韵集》。静之前尚有李登（三国时人）《声类》，其分部不可知。静则分宫、商、角、征、羽五部。倘以宫商为四声之始，然四声止有四部，而宫商乃有五，或平声分上下，如今之《广韵》耳。

八〇

《诗经》中平声、上声分否正不可知，但歌诵时平、上不分，亦无碍音节也。

八一

梁武帝问周捨何谓四声。捨对曰：天子圣哲，是则四声之起。当在齐梁之际。

八二

东、冬、钟、江四韵，江在最后。江与阳、唐，则江在前。因江与东、冬、钟古在一部，宋以后则几与阳、唐相乱。又如歌、戈、麻三韵，古麻韵多读入歌韵，今之苏、松、太诸地麻韵之字多读入歌韵，可以为证。隋陆法言定《广韵》，乃合南北之人而商定之，故长孙讷言序中有酌古准今之语。

八三

《广韵》独用、同用之例，相传为许敬宗所定。吾意不然。许敬宗之诗，见于全唐诗，亦多有未能与同用、独用之例相合。东、冬、钟三韵，王、孟诗中有合用者。又如庚、耕清，今同用，青则独用。然王、孟诸人诗中常有于庚、耕、清中阑入青韵者，是则同用、独用之例，或唐末五代时人所定者。

八四

孙愐《唐韵》多依《法言》而定。《唐韵》之后，又有李舟《切韵》，《切韵》之韵部多有与《广韵》不同者。《广韵》之一先二仙，李舟又分出三宣。

八五

李舟于杜工部为后辈，杜诗中曾言及之。如舟之流，且可定韵，则知当时作诗，未必尽依《唐韵》。孙愐不过陈州司法，名位甚卑，李白、杜甫、王维、孟浩然决不肯用彼之韵也。

八六

《广韵》之后有《集韵》、《礼部韵略》，即依《广韵》同用、独用之例而定。

八七

反切世传始于三国时魏之孙炎。孙炎反切，见于《经典释文》、《尔雅》。但据《汉书》注，应劭已有反切，服虔《通俗文》（不过此书颇有疑为伪作者）亦有反切。吾以为经书释音用反切，则始于孙炎，并非炎所创也。顾亭林考不律为笔，当亦是反切之端。

八八

反切后以讳言反，乃改翻切。《广韵》章，灼良切；灼，章略切。灼、良、章、略，反覆成音，故谓之反切也。

八九

双声始于晋《世说新语》，此婢能作双声语，郭冠军家事可证。

九〇

叶奂彬见余文，始极称之，乃以为不应言双声叠韵。实则古人虽无双声叠韵之名，已有双声叠韵之实，然则因之可也。兔彬之言，未免不达。

九一

《汉志》东西九千三百里，南北万三千三百里，当以人行道计之。提封田一四五一三六四零五顷，则方田实数也。以算法明之，古六尺为步，方步三十六，二百四十步为亩；亩八六四方丈，里法一百八十丈，方里三二四，亩法比里法三七五。古尺比今尺三之二，古一百八十丈，今一百二十丈。古三万二千四百方丈，今一万四千四百方丈，古方丈比今方丈九之四。古一方里今零四四里不尽。《汉志》东西九千三百里，南北万三千三百里，为方里一二三六九万。又云提封一四五一三六四零五顷，以三七五除之，得三八六八七千方里有奇，不及三分之一。以是知东西南北是人行道里，而提封为方田实数也。《汉志》三八六八七千方里有奇，即今一七一九二千方里有奇。东有乐浪，朝鲜。南有交趾、九真、日南，安南。北有五原、九原、云中、定襄，河套。故今十八省仅有一四六十万方里也。

九二

文字之表数者，既为数而造，则其造之也当本乎算术，而许君多以阴阳五行解之，夫亦迂阔而远于事情矣。若一二三四诸文，视而可识，察而见意，谅无待乎解释。唯四之字从口从八，口者平方之形。平方之法，广与从各二，则其积四，其周八。然则从口者象其形，从八者定其数也。算术一自乘仍为一，其实一从一横相乘，其积十也。是故以一从一横表十之数也。平方之积十，自其弦分而为二，则各为五。古文乄者，平方之二弦也。小篆 乂 从二，明其为二五也。平方之积一，则其弦一四一四不尽，中分之，则零七零七不尽。七者，许君云从一，微阴从中衺出也。衺出者，谓其一画当如平方之弦，笔势小变，乃成屈曲尔。然则七从一者，谓平方之数也。从中衺出者，谓中分其弦也。平方之数始于四，立方之数始于八，解之则为立方者八，故曰八，别也，谓数之可以分别者莫如八也。六之字从入八，入犹内也。立方之积莫小于八，立方之幂凡有六面，言内八，而外六可知矣。九之字二画皆为曲线，直线可以算数，曲线则不可以算数。究尽曲线者，算数之能事毕矣。故曰九，究也，此数之极也。数十十为一百。百，白也。古文从自，此节算家言自之也。从一者，推十合一也。千，十百也。从十，人声，人长八尺，伸两手亦八尺，是人体方也。千为十之立方，故举声以包义也。寸、尺、咫、寻、常、仞诸度量，皆以人之体为法。十千为万，汉碑有万字，《广韵》万与万别，明古有万字，而许君遗之。万当从一从人。从一者，一十百千万皆一也；从人者，盖与千同意，万为百之平方也。《语》曰"本立而道生"，《易》曰"知天下之至赜而不可乱"，其是之谓乎？

九三

　　说《诗》贵能以《左传》、《史记》相征。马通伯尝以所释《毛诗》示大师，固请评其是非。大师观其书，以为未能会通史事，不逮其族人马瑞辰所作。遂为指摘十余事，如《蒹葭》刺襄公，未能用《周礼》，将无以固其国。马君疑当时诸侯不能用《周礼》者不独秦。秦不用《周礼》，终于代周有天下，安见其无以固也？大师云：《封禅书》称秦襄公自以为主少昊之神，作西畤，祠白帝，此郊天也。春秋诸侯虽放恣，固未有敢郊天者。诗人所以刺之，《蒹葭》白露则秋祭白帝之时也。且秦居周之旧土，周遗黎民不服其教，故作是诗。秦之代周，固非诗人所及料矣。又如《扬之水》刺平王，远屯戍于母家，马君疑平王忘其仇雠。大师云：笺云申国迫近彊楚，王室微弱，数见侵伐，是以戍之。顾栋高申之曰：申侯可雠，申地不可弃，此说本可通。抑屯戍者非必保其寡小，亦将监其背叛。鲁侯谓齐侯曰："君谓许不共，故从君讨之。"是知近楚诸姜不服王命久矣，劳师屯远，盖为此也。

九四

《史记·孔子世家》"仲尼曰：木石之怪夔罔阆"。韦昭云：木石，谓山也。夔一足，越人谓之山缫。《抱朴子》云：魖形如小儿，独足向后，夜喜犯人。《楚辞》有山鬼。王注引《庄子》山有夔。杜诗亦言山鬼一足。《说文》："夔，神魖也。""魖，耗鬼也。"按夔与鬼本一字，鬼从甶。甶，鬼头也。鬼无形，不可象，盖象夔头也。夔头似猴，禹从甶可证。从儿者，象夔有足。从厶者，夔能惑人也。

九五

子路妻兄颜浊邹，《孟子》作颜雠由。《左传》齐大夫颜庚字涿聚，《吕览》以为梁父之大盗，后为孔子弟子。《古今人表》有颜雠由、颜烛雏，为二人。师古曰：烛雏即涿聚。今按：浊邹、雠由、涿聚、烛雏，皆一语之转，盖一人也。其字当以雠由为正。《释虫》雠由樗茧，蚢萧茧。颜雠由名庚，庚当是蚢之借，名字相应。

九六

子曰："弗乎弗乎，君子病没世而名不称焉。吾道不行矣，吾何以自见于后世哉？"弗读如《中庸》"费而隐"之费。郑注："费，犹危也。"《释文》本又作拂，徐音弗。道不行所以解弗乎弗乎，何以自见于后世所以解没世而名不称也。

九七

《孟子》"孔子当阨，主司城贞子，为陈侯周臣"。陈侯周臣犹言晋灵公周狗。忠信为周，此即今云忠臣义犬尔。

九八

西医言知识在脑，汉医言知识在心，二说皆可破。下等动物无脑亦无心，然有知也。今若立一量，曰有生必有知，则睡眠闷绝以及无想定灭尽定时，神经之用已歇，血液之循环如故，其人未死，如是可说知在心，不在脑矣。大抵六识依于脑，阿赖耶依于心，四体百骸皆赖血以为养，是生之大原在心也。又西医说大脑司知觉，小脑司运动，然又有随意不随意之说。试问知觉运动如何联络？此即非说阿赖耶不可。

九九

《起信论》言真妄相熏，《摄大乘论》言出世种子由闻熏习而来，二说皆可破。中土文人有恶取空见，名家有戏论，如鸡三足、卵有毛之类。西洋哲学有怀疑派，如言我之有无不可知。此人未尝闻佛说，何以有此言也？可知意识虽隶属阿赖耶，而妄想本是变动不居，阿赖耶虽无出世种子，意识不妨有此妄想，然则《起信》所说，何遽不如唯识家？

一〇〇

真如与无明，即觉与不觉之谓。譬之学作文者，其始作之，文理必不通。作之既久，乃通。不通之时，通性固在。及其既通，则不通之性已不可得。唯识家不立如来藏，实不能自圆其说。

一〇一

文章之事，知行合一。行未至者，即以胜义告之，亦勿能喻，凡艺术无不如是。

一〇二

韩文壮美，欧文优美。韩务去陈言，欧则痛恶佶诎聱牙之作。然而以韩、欧并论者，皮相之谈也。韩、欧所同，不过在排斥当时四六文及辟佛二事而已。

一〇三

汉、唐之文壮美，六朝、两宋之文优美。若置骈散不论，则六朝人所作，与宋人未见有异。若云事出乎沉思，义归乎翰藻，则六朝、唐人所同也。

一〇四

贾生《过秦》，壮美之文也。《治安策》，优美之文也。扬雄、司马相如所作，壮美之文也。刘向、董仲舒所作，优美之文也。陆士衡所作，皆是优美，《辩亡》虽拟《过秦》，终不见其为壮美。

一〇五

《文赋》云"谢朝华于已披，启夕秀于未振"，此自造新词之谓。韩退之云词必己出，即本此义。苏子瞻称韩文起八代之衰，原是过为推崇之语，自燕许所作，已为佶诎聱牙，而退之之文则原出独孤及。大抵文章变化，由于时会。退之虽贤，岂能突如其来，独倡一格？当时李元宾、樊绍述之流，并非学退之者，乃其佶诎聱牙，甚于退之。退之要是此中俊杰耳。

一〇六

唐人碑铭，皆是文言。退之所作，皆学汉碑。惟汉碑多用经典成语，退之必自造新词，此为有异。至宋人作碑，直与传状无别，乃失汉魏以来旧法。

一〇七

凡文章背于时会者，必不能衍为一派。干宝之在晋，陆敬舆之在唐，宋祁之在宋是也。当时未尝有效之者。

图书在版编目(CIP)数据

章太炎口义/虞云国编.—上海:上海人民出版
社,2023
(章太炎讲述系列)
ISBN 978 - 7 - 208 - 18287 - 5

Ⅰ.①章… Ⅱ.①虞… Ⅲ.①章太炎(1869－1936)
－文集 Ⅳ.①B259.21－53

中国国家版本馆 CIP 数据核字(2023)第 082293 号

责任编辑 邵　冲
封面设计 赤　徉

章太炎讲述系列

章太炎口义

虞云国 编

出　　版　上海人民出版社
　　　　　(201101　上海市闵行区号景路 159 弄 C 座)
发　　行　上海人民出版社发行中心
印　　刷　浙江新华数码印务有限公司
开　　本　889×1194　1/32
印　　张　7.25
插　　页　2
字　　数　159,000
版　　次　2023 年 6 月第 1 版
印　　次　2023 年 6 月第 1 次印刷
ISBN 978 - 7 - 208 - 18287 - 5/K · 3287
定　　价　62.00 元